自信も実力も
とびきりアップ！

東大卒女子
みおりんの本

中学生のおうち高校受験勉強法

みおりん 著

みおりん 著

実務教育出版

プロローグ

ごきげん勉強法で受験を楽しもう

多くの人にとって、人生で初めての受験になる「高校受験」。なにやら難しそうだし、落ちてしまったらどうしよう……と不安に感じている人もいるのではないでしょうか。

わたしも中学生のときは、勉強自体は学校や塾《じゅく》で教えてもらうことができても、受験勉強の「やり方」は誰《だれ》にも教えてもらえなかったので、不安ななか自分で試行錯誤《さくご》をするしかありませんでした。

「受験勉強は大変そうだし、つらくなってしまいそう……」と思う人もいるかもしれません。でも大丈夫《だいじょうぶ》。**受験勉強はつらいことばかりではないし、工夫次第《くふうしだい》でむしろ楽しむこ**

とができちゃうものなんです。

わたしはこれを **「ごきげん勉強法」** と呼んでいて、楽しく効率的に勉強するコツをYouTubeやブログ、SNSを通して発信する「勉強法デザイナー」のお仕事をしています。

そしてこの勉強法を詳《くわ》しく体系的にお話ししたのが、シリーズ1作目『やる気も成績もぐんぐんアップ！　中学生のおうち勉強法入門』でした。そして、そのなかでもノート術についてたっぷり解説したのが、シリーズ2作目『モチベも点数もめきめきアップ！　中学生のおうちノート術』（いずれも実務教育出版）です。

シリーズ最終巻となる本書では、『おうち勉強法入門』で紹介《しょうかい》した基本の勉強法と『おうちノート術』で紹介《しょうかい》した基本のノート術を踏《ふ》まえて、**高校受験の基礎《きそ》知識から具体的な勉強法まで詳《くわ》しく解説します。**

わたしが高校受験やその後の大学受験（高3生のときと、自宅浪人生《ろうにんせい》のときの2回）を通して確立してきた**必勝受験勉強法**を、勉強ビギナーさんでも実践《じっせん》できるようにわかりやすくお話しするので、ぜひ気楽な気持ちで読んでみてくださいね。

みおりんが1万人以上の中学生の相談に乗ってきた経験をもとに、みんなの悩《なや》みやすいポイントをしっかり解説するよ！

前2作につづき、代弁インコちゃん（顔出しをしていないみおりんに代わって、YouTubeなどでおしゃべりしてくれていたインコちゃん）もサポートしてくれます♪

本書の構成と使い方

この本は全部で8章から成っています。「高校受験のことをまだ全然知らないなぁ」という人は前から順に、「受験勉強のここが知りたい！」と明確な人は必要なところから読むのがおすすめです。

「そもそも高校ってどんなところ？」「高校受験の仕組みを知りたい！」

▼おすすめ：序章「はじめに知っておこう！　高校入試の基礎《きそ》知識」

※インコちゃんのイラストは、モデルとなっているぬいぐるみ「ハグハグ」の販売元《はんばいもと》である株式会社サンレモン様の許諾《きょだく》を得て使用しています。

「志望校はどんな基準で決めればいいの？」「高校の情報はどうやって集める？」

▼おすすめ：第1章「最高の高校生活を手に入れる！　自分に合った志望校の選び方」

「まずはなにからすればいいの？」「塾《じゅく》には行くべき？」

▼おすすめ：第2章「スタートダッシュを成功させる！　受験勉強の始め方」

「模試や過去問はどう活用すればいいの？」「内申点を上げる方法を知りたい！」

▼おすすめ：第3章「学力も内申も確実に上がる！　受験勉強法の鉄則」

「具体的にどう勉強したらいいの？」「教科別の勉強法を知りたい！」

▼おすすめ：第4章「得点力が着実に上がる！　基本の5教科勉強法」

「いつまでになにをすればいいの？」「入試前日や当日にやるべきことは？」

▼おすすめ：第5章「計画的に成績を上げる！　入試当日までの時期別勉強法」

「不安で勉強が手につかない……」「親や先生からのプレッシャーがつらい……」

▼おすすめ：第6章「心が楽になる！　受験期の不安や悩《なや》みとの付き合い方」

また、第7章「保護者の方へ　受験期のお子さんとの向き合い方」では、受験生のお子さんをお持ちの保護者の方に向けて、お子さんにやってあげてほしいこと・なるべく控《ひか》え

てあげてほしいことをご紹介《しょうかい》しています。高校受験という一大プロジェクトを家族一丸となって成功させられるよう、ぜひ保護者の方に読んでもらってくださいね。

一緒《いっしょ》に最高の高校生活を手に入れよう

受験はただ「大変なもの」ではありません。**自分の通う学校を自分で選ぶことができる、素晴《すば》らしい機会**でもあります。

自分で描《えが》いた理想の高校生活を手に入れるために、一緒《いっしょ》に楽しく勉強していきましょう！

みおりん

Contents

プロローグ …… 1

序章
はじめに知っておこう!
高校入試の基礎《きそ》知識

● そもそも高校ってどんなところ? …… 16
中学と高校はどう違《ちが》うの? …… 16
高校を卒業したらどうなるの? …… 20
高校に通うといいことがあるの? …… 22
● 高校入試ってどんな試験? …… 26
● 高校入試の基本の仕組み …… 30
高校入試の基本要素 …… 30
高校入試の基本スケジュール …… 33

第1章
最高の高校生活を手に入れる!
自分に合った志望校の選び方

● 志望校はどうやって決めればいいの? …… 38
いつまでに何校選べばいいの? …… 38

志望校を選ぶ基準……40
やってはいけない選び方……51
●高校の情報の集め方……54
●親や先生と意見が合わないときは……56
コラム1 毎日カフェに行くみおりんの カフェ勉強のMyルール……60

第2章

スタートダッシュを成功させる！ 受験勉強の始め方

●基本の3ステップ……62
STEP①敵を知る……62
STEP②自分を知る……64
STEP③勉強する……66
●塾《じゅく》に通う？ 独学でがんばる？……68
塾《じゅく》には行くべき？……68
塾《じゅく》はどうやって選ぶ？ いつから行く？……71
独学の場合はどう勉強する？……74

第3章

学力も内申も確実に上がる！受験勉強法の鉄則

- **受験勉強計画の立て方** 80
  - 計画の立て方 80
  - 計画の見直し方 94
  - 一日のタイムスケジュールの作り方 96
- **模試の活用法** 98
  - 模試はなんのために受けるの？ 98
  - 模試の勉強法 100
  - 結果の振《ふ》り返《かえ》り方・成績表の見方 110
- **過去問の使い方** 112
  - 過去問はなんのために解くの？ 112
  - 過去問の解き方 113
  - 復習のやり方 115
- **内申点の上げ方** 118

第4章

得点力が着実に上がる！ 基本の5教科勉強法

●基本の受験勉強法 …… 122

インプットとアウトプットって？ …… 122

自分の穴を埋《う》める「〇×ろ過勉強法」 …… 124

みおりんがやっていた「ABCノート勉強法」 …… 126

●教科別の受験勉強法 …… 134

英語の受験勉強法 …… 135

数学の受験勉強法 …… 138

国語の受験勉強法 …… 142

理科の受験勉強法 …… 145

社会の受験勉強法 …… 148

コラム2 スキマ勉強がはかどる 暗記ノートの作り方 …… 152

第5章

計画的に成績を上げる！ 入試当日までの時期別勉強法

●中3の1学期までにやるべきこと …… 154

勉強習慣を身につける 154
中1〜2の範囲《はんい》の復習をする 155
英語・数学・国語に重点を置いて勉強する 155
定期テストは全力で！ 156
高校の情報収集を始める 157

● 中3の夏休みにやるべきこと 158
苦手の克服《こくふく》に努める 158
理科・社会の勉強に本腰《ほんごし》を入れる 159
基本問題を解けるようにする 160
学校の課題や宿題は早めに終わらせる 160
長時間の勉強ができる体力と気力をつける 160
体験入学に参加する 161

● 中3の2学期にやるべきこと 162
理科・社会は比重高めに、英語・数学にもなるべく毎日ふれる 162
応用問題にも取り組む 163
苦手な教科や分野は基礎固《きそがた》めをつづける 164

● 中3の冬休み〜受験直前期にやるべきこと 166
過去問演習を中心に行う 166
最後の苦手克服《こくふく》タイムに充《あ》てる 167

受験会場の下見をする …… 168
願書を作成する …… 168
● 入試の前日・当日にやるべきこと …… 170
入試の前日にやるべきこと …… 170
入試の当日にやるべきこと …… 174
当日の持ち物リスト …… 178

第6章

心が楽になる！ 受験期の不安や悩《なや》みとの付き合い方

● 不安を減らすコツ …… 184
み～んな不安だということを知る …… 184
不安を要素分解し、対策を考える …… 185
時間を決めて現実逃避《とうひ》をする …… 188
勉強の不安は勉強することでしか軽減できない …… 189
● 親や先生からのプレッシャーがつらいときのコツ …… 190
● 思うように勉強できず自己嫌悪《けんお》になってしまうときのコツ …… 192
● やる気や集中力がつづかないときのコツ …… 196

コラム3 気分ほっこり 勉強中におすすめの飲み物 …… 200

第7章

保護者の方へ 受験期のお子さんとの向き合い方

●受験生にとって保護者の存在は絶大！ …… 202
●受験生の保護者ができること【日常編】 …… 204
がんばりを褒《ほ》める・いたわる …… 205
夜食やちょっとしたお菓子《かし》で励《はげ》ます …… 205
送《おく》り迎《むか》えをする …… 206
進路や勉強について一緒《いっしょ》に考える …… 207
子どもの希望や意見を尊重する …… 208
話を聴《き》く …… 208
「サポートできることはなんでもするからね」と伝える …… 209
●受験生の保護者ができること【受験当日編】 …… 212
いつもどおり「いってらっしゃい」と見送る …… 212
前向きな言葉をかける …… 213
お弁当や筆箱にメッセージカードを忍《しの》ばせる …… 213

● 受験生の保護者ができること【合格発表編】 216
合格だったときにしてあげられること 216
不合格だったときにしてあげられること 217
● 受験生の保護者が控《ひか》えたほうがいいこと 218
NG! 「勉強しなさい」「がんばれ」と頻繁《ひんぱん》に声をかける 218
NG! 志望校を勝手に決めたり、子どもの希望を否定したりする 219
NG! ネガティブな言葉をかける 221
NG! 周りの子やきょうだいと比較《ひかく》する 222
NG! テストや模試の結果について怒《おこ》ったり、ため息をついたりする 223
NG! 「大丈夫《だいじょうぶ》なの？」と不安そうにする 224
NG! 急に家族の予定を入れる 225
エピローグ 226

本書は、2022年12月現在の情報に基《もと》づいています。

装丁／西垂水敦・市川さつき（krran）
カバー・本文イラスト／かりた
文具提供／サンスター文具株式会社
本文デザイン・DTP／Isshiki

序章

はじめに知っておこう！

高校入試の基礎《きそ》知識

誰《だれ》でも高校受験は初めて。「どんなスケジュールなんだろう？」「入試はすごく難しいんだろうな」など、疑問や不安がたくさん出てきますよね。

まずはこの章で、高校入試の基本的な仕組みや試験の内容をおさえましょう！

そもそも高校ってどんなところ？

高校受験って大変そう……
でも、そもそも高校ってどんなところなんだろう？

高校は、その後の進学や就職に必要な力を磨《みが》く学校だよ。
中学と比べて違《ちが》いがたくさんあるよ。

中学と高校はどう違《ちが》うの？

中学と高校は、勉強面でも、生活面・友だち面でもいろいろな違《ちが》いがあります。

勉強面の違《ちが》い

勉強面では、次のような違《ちが》いが出てきます。

勉強面の違《ちが》い

- **授業の進むスピードが上がる**
- **勉強する内容・量が増える**
- **科目数が増える**
- **選択制《せんたくせい》の授業が増える**
- **途中《とちゅう》で文系・理系に分かれる**
- **テストや模試が増える**
- **専門の勉強をできる学校もある（工業高校・工科高校、商業高校、農業高校など）**

とにかく**勉強のスピードとボリュームがアップする**のがいちばんの特徴《とくちょう》です！

高校に入っても中学のときのような気持ちでいると、あっという間に取り残されてしまいます。テストも多く、たとえばわたしの通っていた高校では定期テスト（中間テスト・

期末テスト・実力テストなど）がほぼ毎月ありました。

でも心配しなくて大丈夫《だいじょうぶ》！　中学のうちから勉強法を身につけておけば、高校でもしっかり対応できるよ。

また、**科目数が増える**というのも大きな特徴《とくちょう》の一つです。

中学で主要教科といえば、英語・数学・国語・理科・社会のことですよね。ですが、**高校に入るとこれらがより細かな科目として独立していきます**。たとえば、高校で「社会」という名前の授業は基本的にありません。代わりに、「世界史探究」「日本史探究」「地理総合・地理探究」「公共」「倫理《りんり》」「政治・経済」などの授業があります。大学入試の受験科目も、このような細かな科目から自分で選択《せんたく》して受験することになります。

さらに、**文理選択《せんたく》**も高校の大きなイベントですよね。「文系」「理系」という言葉を聞いたことがある人も多いのではないでしょうか？

多くの高校では、1年生の半ば～後半に「文系か理系かどちらに進むか決めましょう」と言われます。これが文理選択《せんたく》。そして2年生になったら、クラスや授業も文系・理系で分かれていきます。

生活面・友だち面の違《ちが》い

高校が中学と違《ちが》うのは勉強面だけではありません。普段《ふだん》の生活や友だち付き合いの面でも違《ちが》いがあります。

生活面・友だち面の違《ちが》い

- 放課後や課外活動の自由度が上がる
- 通学の時間や方法が変わる（遠方の高校に通う場合は電車やバスなどを利用する／寮《りょう》で生活する場合もある）
- 受験を経て入学するので学力レベルの近い子たちが集まる
- いろいろな地域の子たちが集まってくる

高校は中学と比べ、自由にできることが圧倒的《あっとうてき》に多くなります。たとえば、中学校では部活動に必ず入らなければいけない学校もありますが、高校では入っても入らなくてもOKとされていることがほとんど。校則にもよりますが、アルバイトに挑戦《ちょうせん》できるようになるのも高校生からですよね。また、中学では禁止されていることが多い通学中の寄り道も、高校では基本的に自由になります。

一緒《いっしょ》に勉強する仲間も大きく変わります。ほとんどの公立中学校では同じ地域の子どもたちが入学試験を経ずに入ってくるため、学力レベルや将来の希望、家庭の環境《かんきょう》なども様々なメンバーが集まります。一方、**高校では同じような試験に合格したメンバーだけが入学してくるので、学力レベルをはじめとした背景が似た子たちが同級生になります。**

高校を卒業したらどうなるの？

高校を卒業したらどうなるんだろう？
大学に行かないといけないのかな？

高校卒業後は、大きく「進学」と「就職」の2つの選択肢《せんたくし》があるよ♪

高校を卒業した後の進路は、もちろん自分で自由に決めることができます。文部科学省の発表によると、令和3年3月に高校を卒業した人たちのうち、約57％が大学等への進学、約22％が専門学校等への進学、約16％が就職の道を選んでいます。

ちなみに、高校生の就職活動は3年生の7月から始まることが多いので、**高3の6月までには進学か就職かを決めておきたいところです。**

高校卒業後の進路

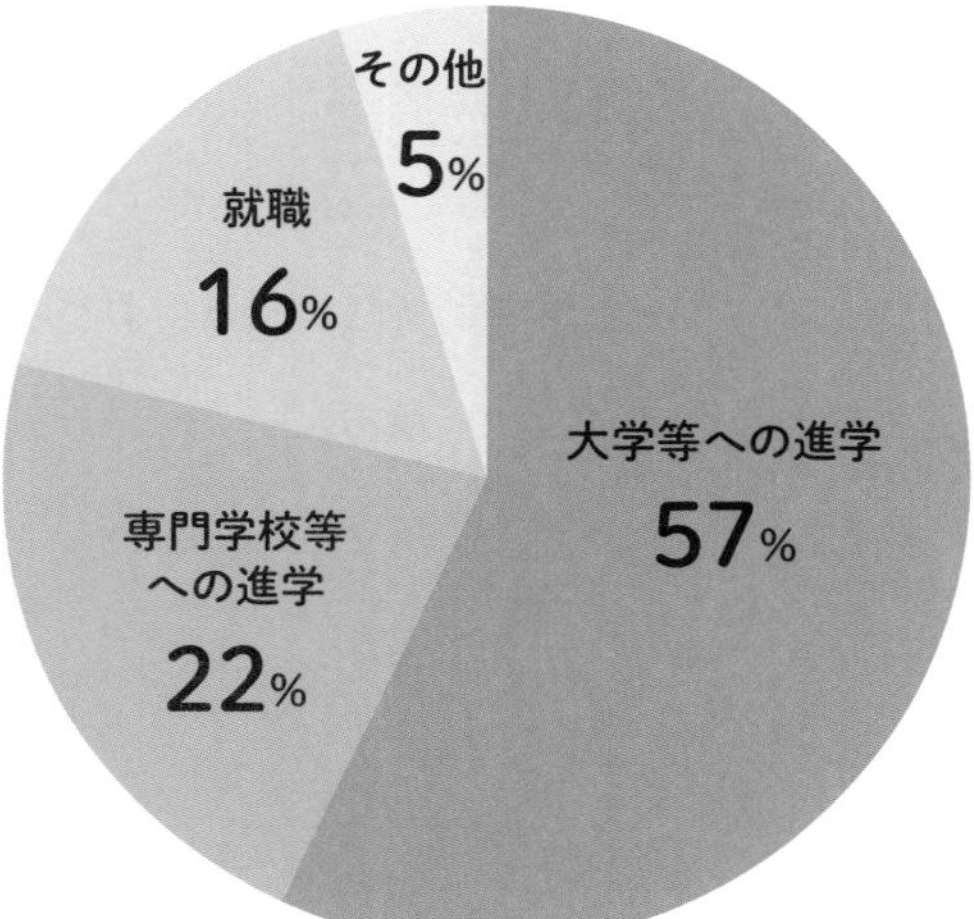

出典：文部科学省「高等学校卒業者の学科別進路状況（令和３年３月卒）」

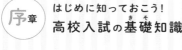

高校に通うといいことがあるの？

でも、中学を卒業してすぐに働いてもいいんだよね。わざわざ高校なんて行かなくてもいいんじゃないのかな？

もちろん高校に行かなくても、社会で活躍《かつやく》している人や幸せに暮らしている人はたくさんいるよ！　でも、高校で勉強しておくといろいろないいことがあるのも事実だよ。

日本の義務教育は中学校までなので、高校に行くことは強制ではありません。ですが、わたしは**高校に通っておいてよかったな**と思うことがたくさんあります。たとえば次のようなポイントです。

将来の選択肢《せんたくし》が増える

中学を卒業してすぐにできるお仕事もたくさんありますし、それらも素晴《すば》らしい職業です。ただ、もし「いますぐこれがやりたい！　一生この仕事をしたい！」というものが決まっているのでなければ、一度高校に入ってから将来の進路について考えるほうがおすすめです。

というのも、日本の多くのお仕事には「高卒以上」や「大学卒以上」などの応募条件があります。これを満たしていないと、やりたいお仕事やアルバイトを見つけても応募すらできないということになってしまいます。逆に、**高校を卒業すれば、応募することのできるお仕事の選択肢《せんたくし》が増える**ということです。

高卒や大学卒の人のほうが、中卒の人よりえらいというわけでは決してありません。ただ、現時点で一生やりたいことが確定している場合以外は、わたしは**将来の選択肢《せんたくし》は増やせるだけ増やしておいたほうがいい**と考えています。

社会で使える知識が増える

高校で勉強する内容は、日常生活で直接使えたり、会話のひきだしとして役立ったりも

します。

たとえばわたしは高校で世界史を勉強していたおかげで、海外旅行で現地の博物館や観光地に行った際、「世界史で勉強したあの出来事はここで起きたんだ。そしてじつはこういう背景があって、当時はこんな感じだったんだ」などと知識がつながる素晴《すば》らしい体験をすることができています。

世界史以外にも、**高校では中学に比べて幅広《はばひろ》い範囲《はんい》の知識が身につく**ので、初めて会った方とも共通の話題を見つけて楽しくお話できるのもうれしいことの一つです。

価値観の近い友だちが増える

生活面・友だち面の違《ちが》いでもお話ししたように、高校には同じような試験をパスしたメンバーが集まるため、学力レベルなどの背景が近い子たちと一緒《いっしょ》に勉強することができます。あくまで傾向《けいこう》ですが、こうした背景が近いと価値観が合いやすいことも多く、**「気の**

合う友だちが中学時代よりもたくさん見つかった!」という人もいます。

社会に出る前にいろいろな仕事を体験できる

中学を卒業してすぐに働きはじめるのももちろん素晴《すば》らしいことですが、一方で、自分が本当にやりたい仕事や自分に向いている仕事を中学生のうちに見つけるのは難しいものの。

高校や大学に進学すると、多くの人が在学中にアルバイトやインターンに挑戦《ちょうせん》します。こうした経験をすることで、「自分はお客さんと直接話す仕事が好きだな」「社長や店長と距離《きょり》の近い職場っていいいな」「意外と営業っぽい仕事も得意かも」など、**社会に出る前に自分の適性や理想の働き方を考えることができます。**

高校入試ってどんな試験？

早く高校に行きたくなってきたかも！　でも高校入試って、きっと学校のテストよりもすっごく難しいよね？

なにか特別な勉強をしないといけないのかな？　自分にはできないかも……。

多くの人は高校入試が人生初めての受験になるので、一体どんなテストなんだろうと心配になってしまいますよね。でも大丈夫《だいじょうぶ》！　じつは、そんなに恐《おそ》れるようなテストではありません。

高校入試をひとことで表すと、「範囲《はんい》めちゃ広《ひろ》バージョンの定期テスト」です。

中学の定期テストは、**「メインは教科書レベルの問題」＋「少しだけ応用・発展レベル**

の問題」という感じで出題されますよね。

じつは高校入試のテストも、基本はこれと同じです。普段《ふだん》の定期テストと比べて難易度が極端《きょくたん》に高いわけではありません。逆にそんなに難問ばかりだったら、ほとんどの人が解けないことになってしまい、合格者を決めるのが難しくなってしまいますよね。

大きく違《ちが》うのは難易度ではなく、**「テスト範囲《はんい》の広さ」**です。

たとえば中学の1学期の中間テストは、その年の4月から5月くらいまでに勉強した内容のなかでいろいろな問題が出題されますよね。一方、**高校入試のテストは「中学1年生から3年生までに勉強したすべての範囲《はんい》」が出題の対象になります。**

範囲《はんい》が広いぶんだけ対策は大変ですが、**「超《ちょう》難問ばかりが出題されるテスト」ではない**ということを覚えておいてくださいね（ただし、私立難関校や学校独自の問題を出題する一部の公立難関校ではハイレベルな問題が出題されることもあります）。

また、ときどき勘違《かんちが》いをしてしまう人がいますが、**入学試験というのは「受験者を落とすためのもの」ではありません。**

高校（大学や専門学校でも同じですが）にはそれぞれ、その学校の特色やレベルがあります。そしてどの学校も当然、その学校の特色やレベルに合った生徒たちに集まってもらいたいなと思っています。そのために行われるのが入学試験です。

入学試験は、「この子はうちの学校に合っているかな？」「うちの学校で快適に勉強できるレベルの学力をもっているかな？」ということを確かめるためのテスト。合格したらえらくて不合格になったらダメな人、というわけではなく、**単純にその学校に合っているかどうかをチェックできるツール**なのです。「自分の価値を判定されてしまうんだ……」「試験官たちは『落としてやろう』と思っているに違《ちが》いない」などと考えず、気楽に捉《とら》えるようにしてくださいね。

高校入試の基本の仕組み

本番の入学試験で点をとれるように、とにかくたくさん勉強しておけばいいんだよね！

もちろんそれも大事だけど、当日のテストの点数だけで合否が決まるわけではないよ。高校入試の仕組みを知っておこう！

高校入試の基本要素

高校入試ではなにを基準に合格・不合格が決まるのでしょうか？

最も一般的《いっぱんてき》なのは、**「内申書（調査書）の内容＋当日の試験の結果」**で決まる仕組みです。**「内申書」**と**「当日の試験」**について、それぞれ少し詳《くわ》しくお話しします。

内申書（調査書）

内申書（**調査書**ともいいます）とは、その生徒の中学校生活についてまとめられた書類です。中学の先生が作成して、受験先の高校に提出します。成績（評定）だけでなく、部活動や行事、委員会活動などの取り組み、出欠状況《じょうきょう》についても記載《きさい》されます。

特に大切なのは、やはり成績（評定）、つまり**内申点**の部分。各教科の5段階評価×9教科で示されます（地域や高校によっては教科ごとに計算方法が違《ちが》うこともあります）。当然ですが、内申点が高ければ高いほど受験には有利になります。

さらに知っておかなければいけないのが、**いつの時点での内申点が内申書に書かれるのか？**ということです。じつはこれは都道府県や学校によって違《ちが》っていて、中3の成績だけが対象になるところもあれば、中1から中3までの成績が対象になるところもあります。受験する可能性のある高校の評価方法について、なるべく早いうちから調べておくようにしましょう。

当日の試験

当日の試験には、主に**「学力検査（試験）」「面接」「小論文・作文」**があります（ちなみに、公立校では「学力検査」、私立校では「学力試験」と呼びます）。このうちどの試験が行われるかは、受験校や受験形式によっても異なります。公立の一般《いっぱん》入試の場合、当日の試験は「学力検査のみ」または「学力検査＋面接」のどちらかで行われることが多いでしょう。

また、**学力検査（試験）の教科数**も学校によって違《ちが》ってきます。公立高校では5教科（英語・数学・国語・理科・社会）、私立高校では3教科（英語・数学・国語）が一般的《いっぱんてき》です。

入試の仕組みは受験校や形式で異なる

このように、高校入試の基本的な要素は「内申書」と「当日の試験」ですが、**具体的な**

試験の仕組みはその高校や受験形式（一般《いっぱん》入試なのか推薦《すいせん》入試なのか）によっても異なります。

たとえば公立の一般《いっぱん》入試は「内申書＋学力検査（＋面接）」というパターンが普通《ふつう》ですが、同じ公立でも推薦《すいせん》入試なら「内申書＋面接（＋小論文・作文）」というパターンがよくあります。

まずはいまのうちから、自分が受ける可能性のある高校の入試の仕組みを調べておくことが大切。 わからない場合は本やインターネットなどで調べたり、担任の先生や進路担当の先生に相談したりするのもいいでしょう。

高校入試の基本スケジュール

章の最後に、高校入試の基本的な流れやスケジュールについてもおさえておきましょう。

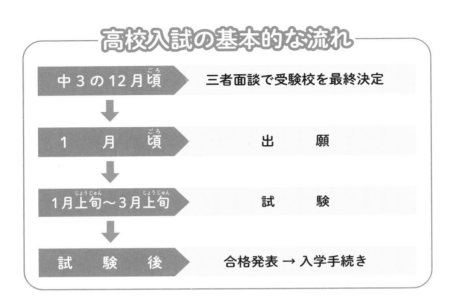

高校入試の基本的な流れ

中3の12月頃《ごろ》	三者面談で受験校を最終決定
1月頃《ごろ》	出願
1月上旬《じょうじゅん》～3月上旬《じょうじゅん》	試験
試験後	合格発表 → 入学手続き

入試の基本的な流れは上のとおりです。

試験のところが「1月上旬《じょうじゅん》～3月上旬《じょうじゅん》」と広くなっていますが、これは受験する高校や受験形式によって日程が異なるためです。**一般的《いっぱんてき》に公立高校より私立高校のほうが、一般《いっぱん》入試より推薦《すいせん》入試のほうがそれぞれ早い日程になっています。**

参考までに、地方に住んでいたわたしの受験校とスケジュールは左ページのような感じでした（ただし、わたしの受験した頃《ころ》と現在とで多少違《ちが》いがある可能性があるため、これは「当時のみおりんの出願校を、2022年度現在受験する場合はこうな

みおりんの例

みおりんの受験校

公立高校１校（第一志望校）　　**私立高校１校**（併願《へいがん》校）

みおりんの高校受験スケジュール

時期	内容
1月	私立高校の出願
2月頭	私立高校の学力試験
2月上《じょう》旬《じゅん》	私立高校の合格発表
2月中《ちゅう》旬《じゅん》	公立高校の出願
2月下《げ》旬《じゅん》	公立高校の志願変更《へんこう》受付 （みおりんは変更《へんこう》せず）
3月頭	公立高校の学力検査＋面接
3月中《ちゅう》旬《じゅん》	公立高校の合格発表 合格がわかり、その後入学手続き

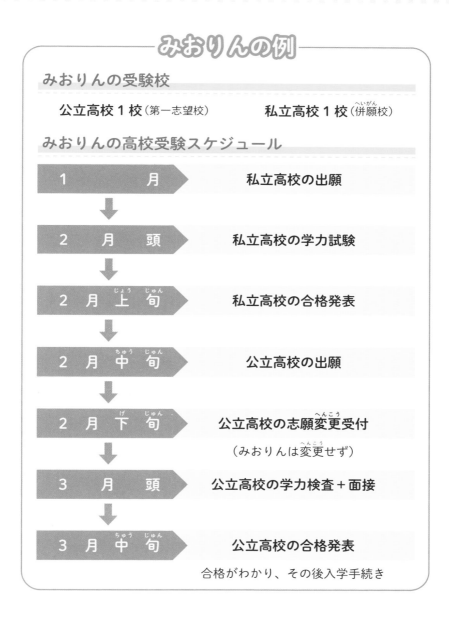

る」というスケジュールです）。

なお、学校によっては合格発表のあとに**再募集**《さいぼしゅう》**（追加募集**《ぼしゅう》**）**がかかるので、それまでの試験で不合格となってしまった場合は再募集《さいぼしゅう》に出願して受験できることもあります。

高校入試の仕組みやスケジュールは受験する学校や形式によって違《ちが》うので、自分でしっかり調べてみてね！

第1章

最高の高校生活を手に入れる！

自分に合った志望校の選び方

どんな学校に通うかによって高校生活は大きく変わります。自分に合った高校を選べば、勉強もその他の活動もとても充実《じゅうじつ》した３年間を過ごすことができるでしょう。

この章では、志望校を選ぶときの基準や情報の集め方、親や先生と意見がすれ違《ちが》ってしまったときの対処法をご紹介《しょうかい》します。

志望校はどうやって決めればいいの？

高校受験は多くの人にとって、「自ら学校を選ぶ」初めての機会。でも高校はたくさんあるし、どんな基準で選べばいいのか迷ってしまいますよね。

いつまでに何校選べばいいの？

どこの高校がいいのか全然わからない！
いつまでに志望校を決めないといけないの？

落ちてしまったときのために、
なるべくたくさんの高校を受験したほうがいいのかな？

序章でお話ししたように、**高校受験の志望校は中3の12月頃《ごろ》に行われる三者面談で最終決定します**。それまでにしっかり情報収集をして、候補をしぼっておきましょう。

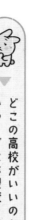

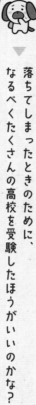

受験校は次の3つに分けて考えることができます。

- **安全校**
いまの成績でほぼ確実に合格できる学校
- **実力相応校**
いまの成績から判断して妥当《だとう》な学校
- **チャレンジ校**
いまの成績から少しがんばらないと合格できない学校

入試までまだ数カ月以上ある人は、ぜひ**チャレンジ校**を志望校にしてみてください。目標は高めに設定したほうが力がつきやすくなります（もちろん、学力レベル以外の部分ですでに心を惹《ひ》かれている高校がある場合は、その学校を志望校にすればＯＫです）。

中3の11～12月に差《さ》し掛《か》かっている人は、**第一志望校1校＋併願《へいがん》校1～2校**を決めます。第一志望校には実力相応校またはチャレンジ校を選び、併願《へいがん》校には安全校を選ぶパターンが一般的《いっぱんてき》でしょう。なお、一部の地域を除き、公立の一般《いっぱん》入試は基本的に1校しか受験することができません。

公立の推薦《すいせん》入試にチャレンジする場合には、不合格になったときのことを考えて一般《いっぱん》入試や併願《へいがん》校の勉強もしておく必要があるよ。

志望校を選ぶ基準

志望校を選ぶときには、次のようなポイントを確認《かくにん》しましょう。

志望校を選ぶポイント

- □学科
- □公立か私立か
- □男女共学か別学か
- □校風や特色

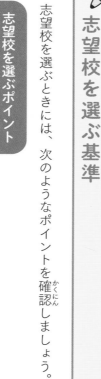

□学力レベル（偏差値《へんさち》）
□進学実績・就職実績
□面倒見《めんどうみ》のよさ
□通学時間
□部活

一つずつ、詳《くわ》しく解説します。

学科

高校には「学科」というものがあり、大きく普通《ふつう》科・専門学科・総合学科の3つに分かれます。

①普通《ふつう》科
②専門学科

・**職業学科（専門高校）**

農業系学科／工業系学科／商業系学科／水産系学科／家庭系学科／看護系学科／情報系学科／福祉《ふくし》系学科　など

・**その他の専門学科**

理数系学科／体育系学科／音楽系学科／美術系学科／外国語系・国際系学科　など

③総合学科

普通《ふつう》科は、普通《ふつう》教育を主とする最も一般的《いっぱんてき》な学科。全国の高校生の約7割が普通《ふつう》科に在《ざい》籍《せき》しています。勉強する教科も中学までとほぼ同じ（序章でお伝えしたように、少し細かく分かれていきますが）なので、いちばんイメージがしやすい学科といえるでしょう。

専門学科は、特定の分野についてより専門的に学ぶ学科。職業学科とそれ以外に分類でき、職業学科の高校は専門高校と呼ばれます（例：農業科の高校→農業高校）。

総合学科は、普通《ふつう》科と専門学科を総合した学科。必修科目のほかに幅広《はばひろ》い選択《せんたく》科目があり、自分の興味や進路の希望に合わせて時間割を作ることができます。

公立か私立か

公立高校とは、都道府県や市区町村が設置する高校のこと。私立高校とは、学校法人など民間が設置する高校のことをいいます。

公立と私立とでは、まず**高校受験の仕組み**が異なります。公立高校の試験教科は5教科で、問題は基本的にその都道府県内のすべての公立高校で同じものを使用します（一部、学校によっては独自作成問題を使用する場合もあります）。一方、私立高校の試験教科は一般的《いっぱんてき》に3教科で、問題は各高校が独自に作成します。

入学したあとにも違《ちが》いがあります。いちばんよくいわれるのは**学費**のことではないでしょうか。一般的《いっぱんてき》に私立のほうが高く、公立のほうが安くなっています。私立の場合、学費以外にかかる修学旅行費や施設《しせつ》設備費が高く、そのぶん施設《しせつ》や学習サポートが充実《じゅうじつ》していることも。

ただし、私立でも特待生制度を使えば学費がほとんどかからなかったり、最近では制度の変更《へんこう》で公立・私立による授業料の差が小さくなっていたりということもあるので、「学費が安いから公立がいい」「私立は高いから通えない」などと決めつけずによく調べることが大切です。

その後の**大学受験**に関しても、公立と私立では違《ちが》いがあります。大学受験ではその大学の指定した高校だけが出願できる**「指定校推薦《すいせん》」**という仕組みがあるのですが、系列大学のある私立高校は、特にその系列校に対して多くの指定校推薦枠《すいせんわく》をもっています。公立高校にも指定校推薦枠《すいせんわく》はありますが、一般的《いっぱんてき》に数が少なく、校内での競争が激しくなります。

男女共学か別学か

共学の学校か、男子校・女子校かというポイントもあります。

こだわりがなければどちらを選んでもかまいませんが、「異性がいないほうが気楽だな」と感じる人は男子校・女子校を探してみるといいと思いますし、逆に「同性ばかりだと心配かも」という人は共学の学校を検討するといいでしょう。

校風や特色

その学校のもつ雰囲気《ふんいき》や特徴《とくちょう》は、志望校を選ぶうえでとても大切です。

- □自由な校風
- □まじめな校風
- □行事を重んじる
- □校則が厳格
- □挑戦《ちょうせん》を推奨《すいしょう》する

□英語の学習に力を入れている
□留学の制度がある
□情報教育に力を入れている
□少人数制の学習を取り入れている
□（付属高校の場合）大学との連携《れんけい》が盛《さか》んである

など、その学校独自のポイントをチェックしてみましょう。

学力レベル（偏差値《へんさち》）

高校生活のメインはやはり勉強なので、学力レベルも大切なポイントです。

先ほどお話ししたように、入試まで数カ月以上ある人は、**いまの実力よりも少し上のところを目標にしてみてください**。入試が迫《せま》っている人は、**入学したあとに快適に勉強できそうか**という視点も大切にするといいでしょう。高いレベルの同級生たちに引っ張られてがんばれる！というタイプなのか、周りのレベルが高いと劣等感《れっとうかん》で落《お》ち込《こ》んでしまう……というタイプなのか、自分の性格も考えてみてくださいね。

進学実績・就職実績

「その高校の卒業生たちがどのような学校や会社に進んでいるか」もぜひチェックしてみてください。というのも、**多くの先輩《せんぱい》たちがたどっている進路には自分も挑戦《ちょうせん》しやすくなる**からです。

たとえばあなたがいま、東京大学に進学したいと思っているとします。もし、いままで東大に進学した生徒がほとんどいないA高校で3年間を過ごした場合、東大に合格できる可能性はかなり低くなってしまいます。反対に、毎年数十人の生徒が東大に進学するB高校で生活した場合、3年後にあなたが東大に進学できる可能性はA高校の場合と比べて高くなります。

これはなぜかというと、東大への進学実績を多数もつ高校は、東大に合格できるカリキュラム（教育課程）や東大対策のノウハウをもっているからです。高校側がある程度レールを敷《し》いてくれるので、東大を目指す生徒はそのレールにしたがって勉強をがんばればいいというわけです。

逆にそれがない高校だと、東大レベルの勉強の仕方は自分で調べて自分で対策をしなければなりません。そうなるとやはり時間がかかったり、効率が悪くなったりして、最短距《きょ》離《り》で合格を目指すのは難しくなってしまいます。

ここでは東大を例に説明しましたが、もちろんそれ以外の大学や就職先についても同じことがいえます。なんとなくでかまわないので、「高校を卒業したらこんな感じの進路を選びたいな」というものを頭に浮《う》かべながら高校について調べてみましょう。

面倒見《めんどうみ》のよさ

なかなか数値化して測れない部分ではありますが、**「どれくらい手厚くサポートしてくれるのか」**という点も大切です。

先生は親身になってくれるか、進路指導は充実《じゅうじつ》しているか、放課後や長期休みの補習はあるか、など。これらは各校のＷｅｂサイトや学校説明会でもふれられていることが多いと思いますが、できれば**実際に通っている先輩《せんぱい》や卒業生の声を聞くのがおすすめです。**学校側がアピールポイントとしている内容と、実際に生徒が活用できている内容は少し違《ちが》うかもしれないからです。

ちなみにわたしが通っていた学校は、公立高校ではありましたが先生方のサポートが非常に手厚く、わたしは自宅浪人《ろうにん》中まで個別で指導や添削《てんさく》をしていただき本当にありがたかったです。

通学時間

その高校に通うのにかかる行き帰りの時間もぜひ確認《かくにん》しておいてください。

高校では、中学までと比べものにならないくらいたくさんの課題が出ます。人によっては部活やアルバイトも忙《いそが》しいなか、通学に時間をとられてしまうとかなり大変です。もちろん通学時間だけで高校を決めるのはおすすめしませんが、いくつかの志望校で迷っている場合には、なるべく短い時間で通える学校を選ぶのも一つの方法です。

部活

スポーツや音楽、演劇やダンスなど、特定の部活をがんばりたいと決めている人はその部活の強さで選ぶのもいいでしょう。全力でやりたいと思える好きなことがあるのは素晴《すば》らしいことなので、ぜひ納得《なっとく》のいく学校を選んでください。

ただ、やはり高校生活では勉強が占《し》める割合も大きいこと、プロを目指すわけではない場合は一般的《いっぱんてき》な大学受験をする可能性があることも考え、部活以外の要素も検討材料にしながら最終決定できるといいと思います。

ここまでのポイントをチェックしたら、最後は直感も大切に！ 学校説明会や文化祭などに行って「なんだかわくわくする」と思ったら、その気持ちはぜひ大切にしてくださいね。

やってはいけない選び方

ここまで「こういうポイントで高校を選ぶといいよ」という内容をお伝えしてきましたが、逆に**「こういう選び方はおすすめしないよ」という基準**もあるのでご紹介《しょうかい》します。

NG! 仲良しの友だちが受験するから

学校生活において友だち関係はたしかに大切です。ただし、仲のいい友だちが受けるからという理由だけで高校を選んでしまうのはNG。その友だちの選んだ志望校が自分にも合っているかはわからないし、仮に一緒《いっしょ》に合格できたとしても、中学までの友だち付き合いと高校からの友だち付き合いが変わることはよくあります。必ずしもずっと同じ友だちと過ごせるわけではないので、友だちだけを理由に高校を選ぶのは避《さ》けましょう。

NG 制服がかわいい・かっこいいから

毎日通う高校。もちろん、制服は自分の気に入るものであるに越《こ》したことはありません。とはいえ、高校のメインは進学や就職のための知識やスキルを学ぶこと。制服のデザインは本質的なところでは関係がありません。

「服飾《ふくしょく》系に興味がある!」などの特別な理由がない限りは、制服のデザインの優先度はあまり上げないほうがいいと思います。

NG 学力レベルが合っているから

自分の学力レベルに合った学校を選ぶのは、大前提としてとても大切です。ただ、それ「だけ」で決めることはなるべく避《さ》けてほしいなと思います。

学力的にはちょうどいい学校でも、校風や学校の方針が必ずしも自分に合うとは限りません。志望校を選ぶときには、いろいろな要素を総合的に検討してみてくださいね。

NG! いまの実力で入れそうだから

高校受験に限りませんが、なにか大きな選択《せんたく》をするときに、「いまの自分で達成できそうだから」という理由で決めるのはやめましょう。

いまの実力がそれほど高くなかったとしても、これから努力を重ねれば点数や偏差値《へんさち》がぐんとアップする可能性は大いにあります。逆にいまの実力で行けそうなところを選ぶと気が抜《ぬ》けてしまい、入試本番の頃《ころ》には周りのがんばってきた子たちに抜《ぬ》かされて合格できなくなってしまうこともあります。志望校を選ぶときには、**「いまの自分よりちょっと高めのところ」**を狙《ねら》うのがおすすめです。

ただし、これは入試まで数カ月以上ある時期のお話なので、最後の志望校決定のときには「合格できそうかどうか」ということも考慮《こうりょ》に入れるようにしてくださいね。

高校の情報の集め方

ベストな志望校を決めるためには、高校の情報をしっかり集めていくことが大切。情報収集の方法としては次のようなものがあります。

- 中学でもらう情報を集める（授業や学年集会など）
- 先生に個別で質問する
- 塾《じゅく》でもらう情報を集める
- オープンスクールや学校説明会、体験入学に参加する
- 文化祭や体育祭を観《み》に行って雰囲気《ふんいき》を体感する
- 実際に通っている人の声を聞く
- インターネットで調べる（公式サイトや口コミサイト、ＳＮＳなど）
- 本や雑誌で調べる

情報には、**「人から聞く情報」**と**「自分で感じる情報」**の2つがあります。学校や塾《じゅく》で教えてもらったり、本やインターネットで調べたりするのは「人から聞く情報」ですね。一方、オープンスクールや文化祭を観《み》に行って「なんかいいな」「ちょっと合わないな」などと思うのは「自分で感じる情報」です。

情報収集するときには、**「人から聞く情報」をできる限りたくさん集めたうえで、「自分で感じる情報」も大切にしてくださいね。**

親や先生と意見が合わないときは……

志望校を決めるにあたって、親や先生とぶつかってしまったり、自分自身の希望と違《ちが》う意見を言われて悩《なや》んでしまったりしたというお悩《なや》み相談をときどきいただきます。

もちろん、いつも見てくれている先生の意見は大事ですし、高校に行くためのお金や手間を負担してくれるのは保護者の方です。ですが、**高校受験も入学後の高校生活も、主役はあなた自身。**自分の思いをしっかり伝えて、後悔《こうかい》のない選択《せんたく》ができるようにしてほしいなと思います。

Q

親に「私立はお金がかかるからダメ」と言われてしまいました。

A

お金を出してくれるのは親御《おやご》さんなので、もちろんある程度仕方ない部分はあるかと思います。ですが、私立高校でも特待生などの制度を使えば費用をぐんと抑《おさ》えられることも。「私立はどこもお金がかかる」と決めつけず、**各校の学費や制度をよく調べて話し合えるといいですね。**

Q

親や先生に志望校のレベルを落とすように言われ、とても悲しい気持ちになってしまいました。

A

本気で勉強をがんばっている人なら、最後の最後まで実力がアップする可能性があります。親御《おやご》さんや先生もきっとよかれと思ってアドバイスをしているのだと思いますが、**いちばん大切なのは自分自身が後悔《こうかい》しないことです。**まだ数カ月あるのであれば「まだまだがんばって合格圏《ごうかくけん》に行ってやる！」と強気になってしまいましょう。もし直前期であっても、「レベルを落として安全校に合格するよりも、このまま挑戦《ちょうせん》してみて不合格になるほうが納得《なっとく》できる」というのであれば志望校を変える必要はないと思います。

Q

親や先生に、自分の本当の志望校を伝えることができていません。

A

「家計にあまり余裕《よゆう》がなく、お金のことが気になってしまう」という場合は、どの程度なら可能なのか一度しっかり話し合えるといいですね。先ほどご紹介《しょうかい》したとおり特待生制度などもあるので、よく調べてみることが大切です。

「まだ実力が追いついていなくて、恥《は》ずかしくて言い出せない」という場合は、思いきって伝えてしまうのがおすすめです。いまどんなに高望みだとしても、これから実力を伸《の》ばすんだからいいじゃないですか。目標というのは宣言することでどんどん叶《かな》いやすくなります。

わたしは成績も実力もまったく足りないうちから、「志望校は東大です」と先生や両親に伝えていました。おこがましいと思ったし、解答用紙すらろくに埋《う》められないくせに東大模試の会場にいることが恥《は》ずかしくもなったけれど、宣言したことで周りの人たちにたくさん助けてもらうことができました。

「本当は普通科《ふつう》高校ではなく、音楽科のある高校を目指したい」というような場合は、一度腹を割って話してみてほしいなと思います。話してみたら意外と協力してもらえたり、そのための選択肢《せんたくし》を教えてもらえたりすることもあります。逆に、夢や目標を誰《だれ》にも言わずにあきらめてしまったら、きっとこの先ずっと後悔《こうかい》してしまうのではないでしょうか。

コラム1

＼ 毎日カフェに行くみおりんの ／

カフェ勉強のMyルール

わたしが初めてカフェで勉強をしたのは、みなさんと同じ高校受験生のとき。勉強があまり好きではないわたしにとって、気を紛《まぎ》らわせながら勉強できるカフェはとてもありがたい場所でした。ここでは、カフェ勉強のメリットとMyルールをご紹介《しょうかい》します。

カフェ勉強のメリット

◎ほどよい雑音で集中できる
◎おいしい飲み物や食べ物をお供に勉強できる
◎人目があるので寝《ね》たりだらけたりしづらい
◎「お金を払《はら》ったぶんがんばるぞ!」という気持ちになれる

カフェ勉強のMyルール

▶なるべく空《す》いている時間に行く

お店や他のお客さんの迷惑《めいわく》にならないよう、できる限り混雑時を避《さ》けて行くようにしています。朝は空いているし、モーニングも楽しめるので特におすすめ。

▶入口やレジから遠い席に座る

人通りが多い席や寒い席は避《さ》け、なるべく落ち着いた席を選びます。また、一人で大きなテーブル席を占拠《せんきょ》しないように気をつけています。

▶食事は先に済ませてトレーを片づける

食べ物を買った場合は、テキストやノートを開く前にいただきます。食事が済んだら飲み物以外のごみやトレーは返却台《へんきゃくだい》に戻《もど》し、机の上をなるべく広くしてから勉強をスタートします。

▶長時間滞在《たいざい》はしない

滞在《たいざい》時間は、お店の指定がある場合はその時間内に、指定がなくても2時間程度以内に収めるようにしています。

▶消しカスやごみ、水滴《すいてき》などを残さない

「来たときよりも美しく」という母の教え（?）を守り、机の上はなるべくきれいにしてから帰るようにしています。

第2章

スタートダッシュを成功させる！

受験勉強の始め方

基礎《きそ》知識と志望校の選び方がわかったら、いよいよ受験勉強スタートです！　とはいえ、一体なにから始めればいいのかと迷ってしまいますよね。

この章では、受験勉強の最初にするべき基本の3ステップと、塾《じゅく》に通うか独学で対策するかの判断のコツを解説します。

基本の3ステップ

志望校を決めてみたよ! でも、受験勉強って
なにから始めたらいいのかわからない……。

高校入試は中学1年生から3年生までの学習内容すべてがテスト範囲《はんい》になるので、一体なにから手をつければいいのかと戸惑《とまど》ってしまいますよね。そこで、高校入試に限らず**すべての受験勉強の基本となる最初の3ステップ**を伝授しちゃいます。

STEP① 敵を知る

受験勉強でいちばんはじめにやるべきは**「敵を知る」**、つまり**入試や志望校について知る**ということです。何事も、戦う相手について知らなければ対策をとることはできません。

そのためにやってほしいのが、**ためしに過去問を1年ぶん解いてみる**ということ。これをすると、本番の試験のボリューム感やだいたいの雰囲気《ふんいき》をつかむことができます。「この時間内でこれくらいの量の問題を解くんだ」「記号問題もあるけれど、記述問題も結構多いんだ」といったことを感じ取れると、これからの勉強の仕方のイメージも固まってきます。

まだ全然解けなくてもいいので、入試の1年前くらいに一度チャレンジしてみるのがおすすめ！

また、過去問を解くのとあわせて、**試験の形式や傾向《けいこう》、とるべき点数（目標点）**も調べてみてください。

- □試験教科と配点
- □試験時間
- □各教科の傾向《けいこう》、頻出《ひんしゅつ》分野、大問構成
- □目指す高校の合格者平均点と合格者最低点

といったことを、可能な限り調べてメモします。特に、**目標点の設定**はとても大切。**基本的には合格者平均点以上を目指し、最悪でも合格者最低点は超《こ》えられるように各教科の目標点を決めましょう。**

STEP② 自分を知る

「敵を知る」ことの次にやるべきは、**「自分を知る」**ことです。自分についてよく知っていれば、自分に合った勉強法で自分の必要なぶんだけ実力を上げることができます。

自分について知ってほしいことは次の2つです。

いまの実力

STEP①の「敵を知る」でだいたいの合格ラインがわかったら、今度は**そのラインと比べていまの自分がどれくらいの位置にいるのか**を考える必要があります。そしてその差を埋《う》めていくのが、これからの受験勉強というわけです。

実力の調べ方として、いちばん手っ取り早いのは**模試の分析《ぶんせき》をする**ことです。直近で受けた模試があれば、その成績表をチェックしてみましょう。模試では偏差値《へんさち》や志望校への合格可能性の判定がわかるので、「あと何点くらいアップすれば合格できるのか」ということを知るために活用してみてください。

ただし、模試はあくまでこうしたことの参考にするためのツールなので、その結果や判定だけに一喜一憂《いっきいちゆう》しないように。模試の活用法については次の章で詳《くわ》しくご紹介《しょうかい》します。

性格や傾向《けいこう》

単純な学力面だけでなく、**自身の性格面についても知っておけるとベストです**。これはわたしの情報発信のコンセプトである**「すべての人にごきげんな勉強法を」**にも通じることなのですが、自分に合った方法で楽しく勉強するためには、その「自分」の性格をよく知っておくことが大切です。

自分の性格面について知っておくべきこととしては、

□どんなときにモチベーションが上がるのか？
□どんなときにモチベーションが下がってしまうのか？
□集中力はどれくらいつづくのか？
□どんな時間帯にどんな場所で勉強するとはかどるのか？

といったことが挙げられます。これらを理解しておくと、「自分は朝の時間帯に勉強するとはかどるけれど、寝坊《ねぼう》してしまうと一日じゅうモチベーションが下がってしまうから、しっかり早起きできるように家族にも宣言しよう」などと作戦を立てることができます。

STEP③ 勉強する

ＳＴＥＰ①で敵を知り、ＳＴＥＰ②で自分を知ることができたら、いよいよ勉強スタート！　やるべき対策を順々にこなしていきます。具体的な勉強のやり方については、次の章から詳《くわ》しくご紹介《しょうかい》するので安心してくださいね。

よく「高校受験の勉強はいつから始めればいいですか？」とご質問をいただくのですが、**本格的に受験に向けた勉強を始めるのは中3からでいい**とわたしは考えています（地域や志望校のレベルにもよるので、あらかじめ先生や先輩《せんぱい》にも確認《かくにん》してみてくださいね）。

1〜2年生の間は、授業の内容を一つずつ完璧《かんぺき》にしていく意識で取り組めばＯＫ。「これは受験によく出るところかな？」というところまで深くは考えなくて大丈夫《だいじょうぶ》です。

授業に真剣《しんけん》に取り組むのとあわせて、**定期テスト**も大切にしてください。というのも、定期テストはそれまでの数カ月の授業内容をマスターできたかどうかを確かめられる素晴《すば》らしいツールだからです。しっかり活用して、点を落としてしまったところは「受験前に苦手が見つかってラッキー！」という気持ちで復習をしましょう。

塾《じゅく》に通う？　独学でがんばる？

塾《じゅく》には行くべき？

高校受験にあたり、塾《じゅく》に通うか、自分自身でがんばるか悩《なや》んでいる人も多いのではないでしょうか。

これはその人の性格や志望校のレベル、住んでいる地域の状況《じょうきょう》などによっても違《ちが》いますが、わたしとしては次のように考えています。

・自分と保護者の方とで受験の情報をしっかり調べ、自分なりの学習カリキュラムを作ることができる人
↓独学でも大丈夫《だいじょうぶ》

・受験の情報や勉強すべき内容、計画について自分で調べたり組み立てたりできるかどうか不安な人
↓塾《じゅく》に行ったほうが安心

また、塾《じゅく》と独学にはそれぞれ次のようなメリット・デメリットがあります。

	メリット
塾《じゅく》	◎勉強や受験の情報が手に入る ◎入試本番までに確実に間に合うようにカリキュラムを組んでもらえる ◎友だちやライバルから刺激《しげき》をもらえる ◎勉強リズムが整う ◎わからない問題があったとき、先生に質問できる
独学	◎自分に最適なカリキュラムで勉強できる（自分の必要な勉強を必要なぶんだけできる） ◎計画力や分析力《ぶんせきりょく》、自己管理力も身につく ◎参考書代や模試代以外のお金がかからない ◎家族の絆《きずな》が深まる

	デメリット
塾《じゅく》	△学校の宿題との両立でパンクしてしまうリスクがある △授業を受けただけで「勉強した気」になってしまうことがある △お金がかかる
独学	△自分で勉強や受験の情報を探し、入試までのカリキュラムを考える必要がある △自分に甘《あま》い性格だと、つい勉強をサボってしまいがちになる △わからない問題があったとき、自分で解決できない場合がある

当然ですが、塾《じゅく》に行けば必ず成績が上がるわけではないし、だからといって独学のほうが簡単に合格できるわけでももちろんありません。両方のメリット・デメリットと自分自身の性格を知り、ベストな方法を選ぶことが大切です。

場合によっては、「普段《ふだん》は自分で勉強をがんばり、夏期講習や冬期講習、模試のときだけ塾《じゅく》を利用する」というように**ハイブリッド型**を選択《せんたく》するのもありです。

塾《じゅく》はどうやって選ぶ？　いつから行く？

塾《じゅく》に行く場合は、次のようなポイントを検討して通う塾《じゅく》を選びましょう。

補習塾《じゅく》か進学塾《じゅく》か

学習塾《じゅく》とひとくちに言っても、じつはいくつかの種類が存在します。大きく分けると、学校の補習や定期テストの対策を行う**「補習塾《じゅく》」**と、主に入試対策を行う**「進学塾《じゅく》」**があります。受験対策を目的とするなら進学塾《じゅく》を選ぶのが基本ですが、学校の授業についていけていないという人は、まずは補習塾《じゅく》で苦手を穴埋《あなう》めしたほうが近道になることも。

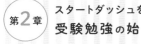

集団授業か個別指導か

1人の先生がたくさんの生徒を教える**集団授業**は、個別指導に比べて授業料が安く、ハイレベルな授業を受けられる傾向《けいこう》にあります。一方、生徒全員には目が届きづらくなる、一人ひとりに合ったカリキュラムを組むことはできないといったデメリットもあります。

1人の先生が1～2人の生徒を教える**個別指導**は、苦手なところやわからないところをきちんと見てもらうことができ、自分に合ったカリキュラムで勉強することができます。一方、集団授業に比べると授業料が高く、指導の様子を第三者が把握《はあく》しづらいというデメリットもあります。

成績がまだ低めの人は個別指導でじっくりと見てもらうのがおすすめ。成績が平均～上位の人は、集団授業で周りの生徒たちと切磋琢磨《せっさたくま》しながら学習するのがいいでしょう。とはいえ性格や好みにもよるので、自分が快適に勉強できるほうを選んでくださいね。

指導実績、指導してくれる先生

塾《じゅく》の運営歴や先生の指導歴はどれくらいか、自分の目指す高校への合格実績は豊富か、指導してくれる先生の実績や教え方はどうかということもチェックしましょう。「合格実績が高くて選んだけれど、入ってみたら実績の高い先生が辞《や》めてしまっていた」といったこともあるので注意してください。

費用

かかるお金については保護者の方とも相談してみましょう。教科別の料金になっている場合、「もともとの想定よりも多くの教科や講習をとることになり、予定より高額になってしまった」ということもあるので、**事前に詳《くわ》しい料金体系やとる可能性のあるコマ数（授業数）などを調べておきたいところです。**

雰囲気《ふんいき》、通いやすさ

週に何度か通う塾《じゅく》なので、雰囲気《ふんいき》や通いやすさも大切です。**一度体験授業に行ってみて、校舎やクラスの雰囲気《ふんいき》、先生の教え方や話し方などを見てみるのがおすすめ。**また、塾《じゅく》までのアクセスはいいか（自分で通えない場所の場合、保護者の方が送《おく》り迎《むか》えすることはできるか）、塾《じゅく》の周りの治安は大丈夫《だいじょうぶ》か、といったこともチェックしておきましょう。

塾《じゅく》にはいつから通えばいいのかな？

地域や志望校にもよるけれど、みおりんのフォロワーさんでは中1までに通いはじめていた人もいれば、中3になるときに通いはじめた人もいていろいろだよ！自分の状況《じょうきょう》に合わせて考えてみてね。

独学の場合はどう勉強する？

塾《じゅく》に通わずに独学でがんばる場合、いろいろな工夫《くふう》をしながら勉強する必要があります。なにも考えずにがむしゃらに進めると失敗してしまうので、次のような点をしっかりおさえてから取り組んでください。

独学のポイントと注意点

独学する場合、とにかく大切なのは**「入試に関する情報をしっかり収集し、正しい勉強計画を作り、日々の勉強を管理する」**ということです。

入試に関する情報というのは、先ほどの基本ステップの①でお話ししたような内容と、**「合格するためにはいつまでになにをどこまでやるべきなのか」**ということです。これがわからないと、「とりあえず学校の復習をすればいいのかな」「よくわからないけどそのへんの理科の問題集を解いてみようかな」など当てずっぽうの勉強をすることになってしまい、効果的な入試対策がまったくできずに本番を迎《むか》えるということにもなりかねません。

調べた情報に基《もと》づいて**勉強計画**を立てることも大切です。計画の立て方は次の章でご紹《しょう》介《かい》します。

計画を立てたらそれにしたがって勉強を進めますが、「計画と比べてどれくらい進んでいるか」「順調に実力はついているか」と**こまめに振《ふ》り返《かえ》る**ことが必要です。日々の勉強内容や進み具合を管理して、うまくいかないときには軌道《きどう》修正をしましょう。

高校受験を独学で進める場合、情報収集の面でも日々の管理の面でも、家族のサポートが不可欠です。塾《じゅく》に行かないことを選んだら、保護者の方にはお子さんの受験の最強応援《おうえん》団《だん》として手を尽《つ》くしてあげてほしいなと思います。

教材の選び方

塾《じゅく》に通わない場合、教材は主に市販《しはん》の参考書や問題集を使うことになります。ほかに、通信講座や授業動画サービスを利用することもありますよね。

こうした教材選びはとても大切。本屋さんで目についた「なんとなくよさそう」なものを買ったり、最近よくＣＭで見かけるからという理由で受講したりするのではなく、**しっかりと下調べをしてから選ぶようにしてください。**

教材選びのステップ

STEP⓪ どんな教材が必要か考える

「数学が苦手だから基礎的《きそてき》な問題集を買う」など、
まずは目的を考える

▼

STEP① 志望校に通う先輩《せんぱい》のおすすめ教材を選ぶ

複数の先輩《せんぱい》が使っていた教材
＝その高校に合格する実力がつく教材である可能性が高い

▼

STEP② Amazon などのレビューを参考にする

レビュー数・★の数がともに多いものは
優《すぐ》れた教材である可能性が高い

▼

STEP③ それでも迷ったらフィーリングで選ぶ

STEP②まで実践《じっせん》しても何冊かで迷う場合は、
自分がいちばん心惹《こころひ》かれるものを選べばOK！

苦手分野だけ学習サービスを利用するのも手

独学といっても、他人の手を一切借りない！とする必要はありません。**ベースは自分で進め、どうしても一人では難しい部分だけ外部のサービスを使う**ということもできます。

たとえば、

- **勉強計画を立ててくれるサービスを利用する**
- **月に1回、進捗《しんちょく》確認《かくにん》のオンライン面談をしてもらう**
- **苦手科目だけ家庭教師を利用する**
- **わからない問題だけ教えてもらえる質問サービスを利用する**

などなど。コロナ禍《か》の影響《えいきょう》もあって便利なオンラインサービスもたくさん出てきたので、自分のお悩《なや》みに合ったものを活用してみるといいでしょう。

第3章

学力も内申も確実に上がる！

受験勉強法の鉄則

受験勉強では、正しい学習計画に基づいて、当日の学力試験の点数も普段《ふだん》の内申点もしっかりアップさせていく必要があります。

この章では、計画の立て方や模試・過去問の活用法、内申点を上げるコツなど受験勉強の「鉄則」といえるポイントを解説します。

受験勉強計画の立て方

普段《ふだん》のちょっとした勉強ならノープランでも大丈夫《だいじょうぶ》かもしれませんが、**高校入試という範囲《はんい》が広く対策期間も長い試験の勉強では、しっかりと計画的に学習を積み重ねることが重要です。**逆に計画を立てずに進めてしまうと、効率的に勉強ができなかったり、試験の日までにやるべきことが終わらなくなったりしてしまう可能性があります。

少し面倒《めんどう》かもしれませんが、正しい計画の立て方をしっかりおさえておきましょう。

計画の立て方

高校受験の勉強計画は、次のような流れで作っていきます。

勉強計画の立て方

STEP⓪ ゴールと自分の位置を確認《かくにん》する
STEP① やるべきことを書き出す
STEP② 時間を計って実際にやってみる
STEP③ 年間計画→月間計画→デイリー計画の順で落《お》とし込《こ》む

はじめから完璧《かんぺき》な計画を立てる必要はありません。**計画というのはあくまで「これくらいの時期までにこんなことを終わらせておこう」という方向性を決める羅針盤《らしんばん》のようなもの**なので、一度作ったら実態に合わせて見直し、どんどんアップデートしていけばＯＫです。

ステップごとに詳《くわ》しく解説します。

STEP⓪ ゴールと自分の位置を確認《かくにん》する

勉強計画は3ステップで立てることができる……のですが、その前にステップ⓪としてやっていただきたいことがあります。

それは、**ゴールと自分の位置を確認《かくにん》する**ということ。

ゴールというのは志望校と、その志望校に合格するための目標点です。目標点はその学校の例年の合格者平均点を基本として（もちろん、余裕《よゆう》のある人はさらに高い点数を目指しましょう）、最悪でも合格者最低点を超《こ》えられるように設定します。

そしてそのゴールに対して、**いまの自分はどれくらいの位置にいるのか**ということを把握《はあく》します。**受験勉強というのはシンプルにいうと、このゴールと自分との距離《きょり》を埋《う》めていく作業なのです。**

自分の位置を知るのにいちばん手っ取り早い方法は、**模試を受けてみる**ことです。模試を受けると志望校に対する合格判定や偏差値《へんさち》が出るので、あとどれくらい点数や順位をアップさせれば合格に近づくのかということがわかります。

模試の活用法については98ページから詳《くわ》しくお話しします。

STEP① やるべきことを書き出す

さあ、いよいよ計画を立てます！

まず必要なのは、**志望校合格というゴールのために、やらなければいけないことの全貌《ぜんぼう》を把握《はあく》する**ということ。**「いつまでになにをしなければいけないか」**ということを知る必要があります。

逆にいうと、なにをすれば合格に近づけるのかわからない状態で勉強を進めても、非効率なだけでなく、ずっと不安を抱《かか》えながらやっていくことになってしまいます。

「やらなければいけないこと」は、どうやったらわかるの？

主な方法としては、

- 高校や塾《じゅく》の先生に聞く
- 志望校の合格体験記を読む
- 志望校に合格した先輩《せんぱい》の話を聞く
- インターネットやＳＮＳで調べる

といったことがあります。

特に、自分の目指す高校の**合格体験記**があればぜひ読んでみてください。そこに書かれている内容をマネすれば、その高校に合格できる可能性が高いといえますよね。なるべく複数の体験記を読み、「いつまでになにをした人が受かっているのか」ということがわかるとベストです。

やるべきことは次のような感じでリストアップしてみましょう。

次ページにあるのは、みおりんが監修《かんしゅう》した勉強管理帳だよ。あらかじめ記入欄《きにゅうらん》が印刷されていてリストアップもしやすいので、よかったら使ってみてね。

やることリスト

STEP①やるべきことを書き出す

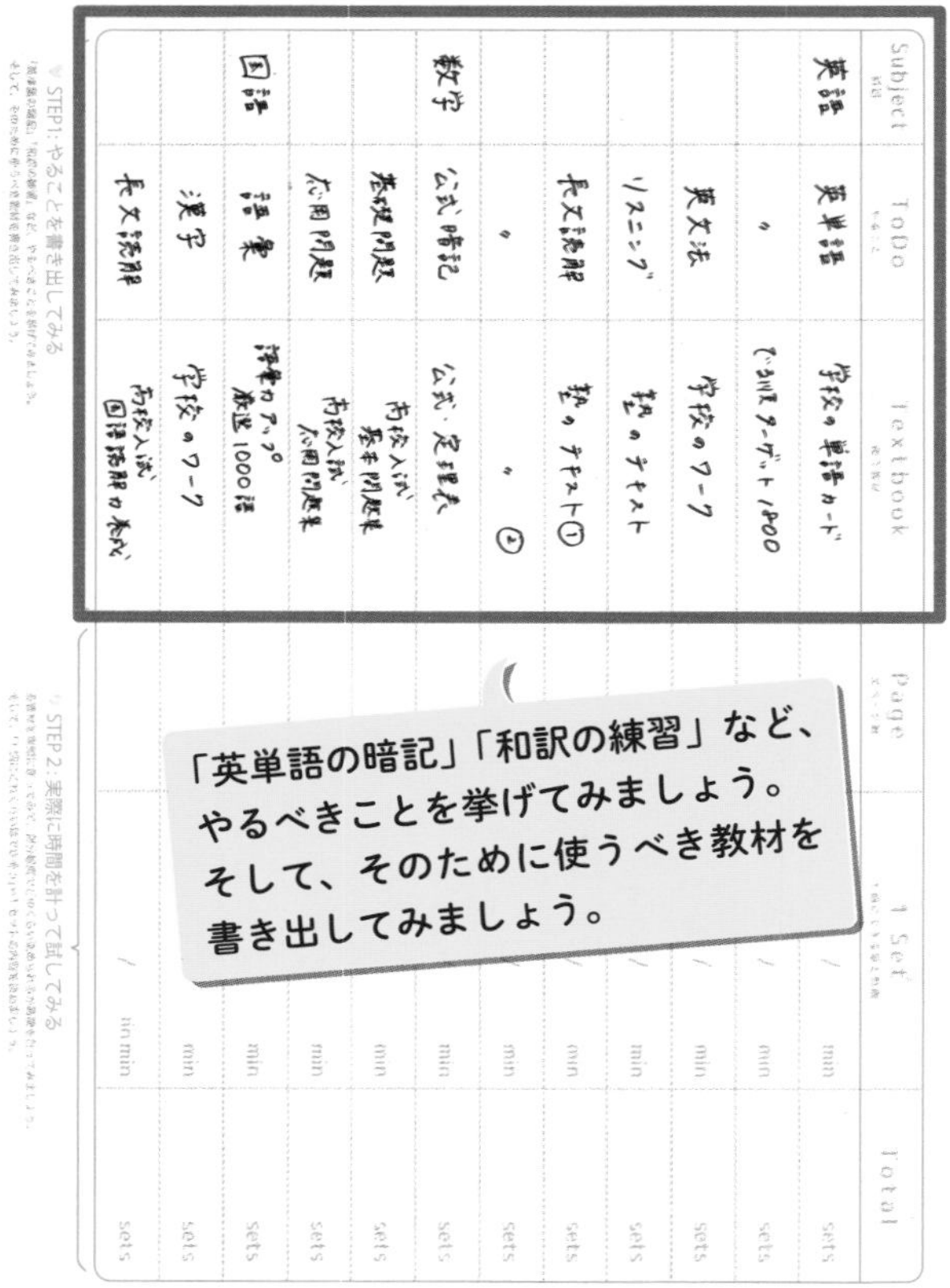

「英単語の暗記」「和訳の練習」など、やるべきことを挙げてみましょう。そして、そのために使うべき教材を書き出してみましょう。

勉強管理帳 B5　みおりん　Study Time（全２色）
サンスター文具株式会社

このように、教科ごとに対策の必要な分野や単元を書き出し、それぞれについて取り組むべき参考書・問題集をリスト化するイメージです。

STEP② 時間を計って実際にやってみる

次のステップは、**使う参考書や問題集を実際に解いてみて時間を計る**ということです。

これは見落としがちですが、じつはとっても重要な作業です。というのも、勉強計画を立てるには、各「やるべきこと」に対して、それがどの程度の時間でできるものなのかを知る必要があるからです。

当然ですが、たとえば「一日に3時間勉強する」と決めたのに、実際には5時間かかるような内容を計画に入れてしまったら、一日で終わるはずがありませんよね。そうならないよう、自分が3時間でなにをどのくらいできるのか知っておく必要があるのです。

やることリスト

STEP②時間を計って実際にやってみる

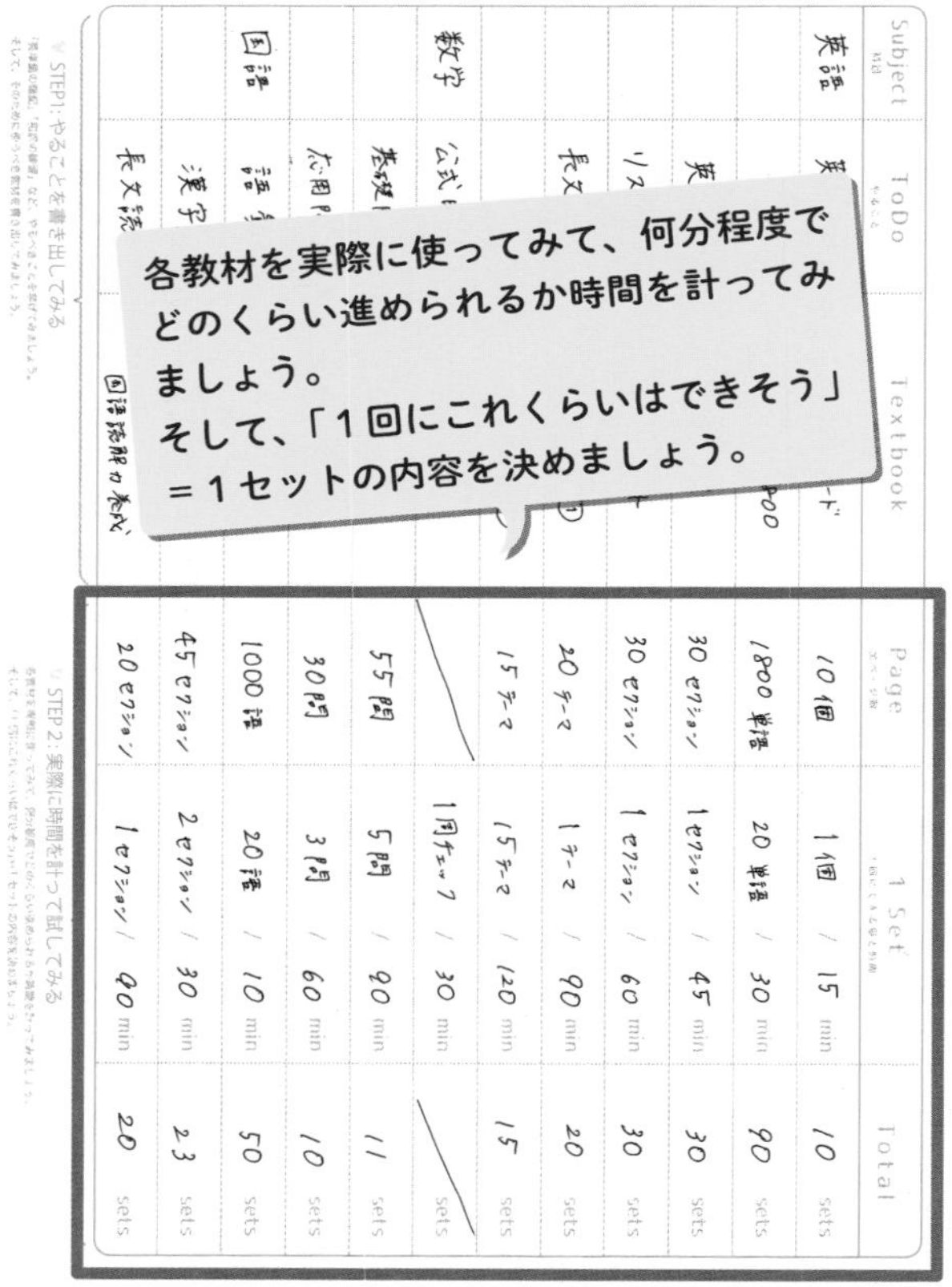

各教材を実際に使ってみて、何分程度でどのくらい進められるか時間を計ってみましょう。
そして、「1回にこれくらいはできそう」＝1セットの内容を決めましょう。

勉強管理帳 B5　みおりん　Study Time（全 2 色）
サンスター文具株式会社

やり方は単純。たとえば参考書を音読すると決めたら、時間を計って実際に音読してみます。するとどれくらいの時間で何ページ進むのかがわかるので、それをもとに「自分が一回にできる量＝１セット」を決めます。

《例》参考書の音読
30分の音読で20ページ進んだけれど、一回あたり15分くらいがちょうどよさそう
↓１セット＝15分で10ページ

STEP③ 年間計画↓月間計画↓デイリー計画の順で落《お》とし込《こ》む

ステップ②まではいわば「材料集め」。最後のステップではこの材料を使って、具体的な計画を立てていきます。

計画は大きな単位から小さな単位へと順番に作ります。まずは**年間計画**。これはかなりざっくりでかまいません。教科別に、「夏までに○○という基礎的《きそてき》な参考書をやる↓夏～

秋に標準レベルの△△という参考書を完璧《かんぺき》にする↓直前期にハイレベルな□□という参考書をこなす」といった感じで大きな方針を決めましょう（91ページ参照）。

つづいて**月間計画**を立てます。月間計画では、**各参考書について、「その月にどのような方法で何周するのか」を決めましょう**。たとえば次のような感じです。

《例》理科の読みもの系の参考書（全300ページ）
- どのような方法で：**音読**
- 今月何周するのか：**0・5周（参考書の冒頭《ぼうとう》から半分まで＝150ページ）**

そして先ほどの「1セット」と照らし合わせ、**「必要セット数」**を計算します。例でいうと、1セットが15分で10ページの場合、150ページを達成するためには150÷10＝15セット必要ということがわかりますよね。

最後に**デイリー計画（毎日の計画）**を立てます（93ページ参照）。「一日単位の計画だと

やることリスト

STEP③年間計画に落とし込む

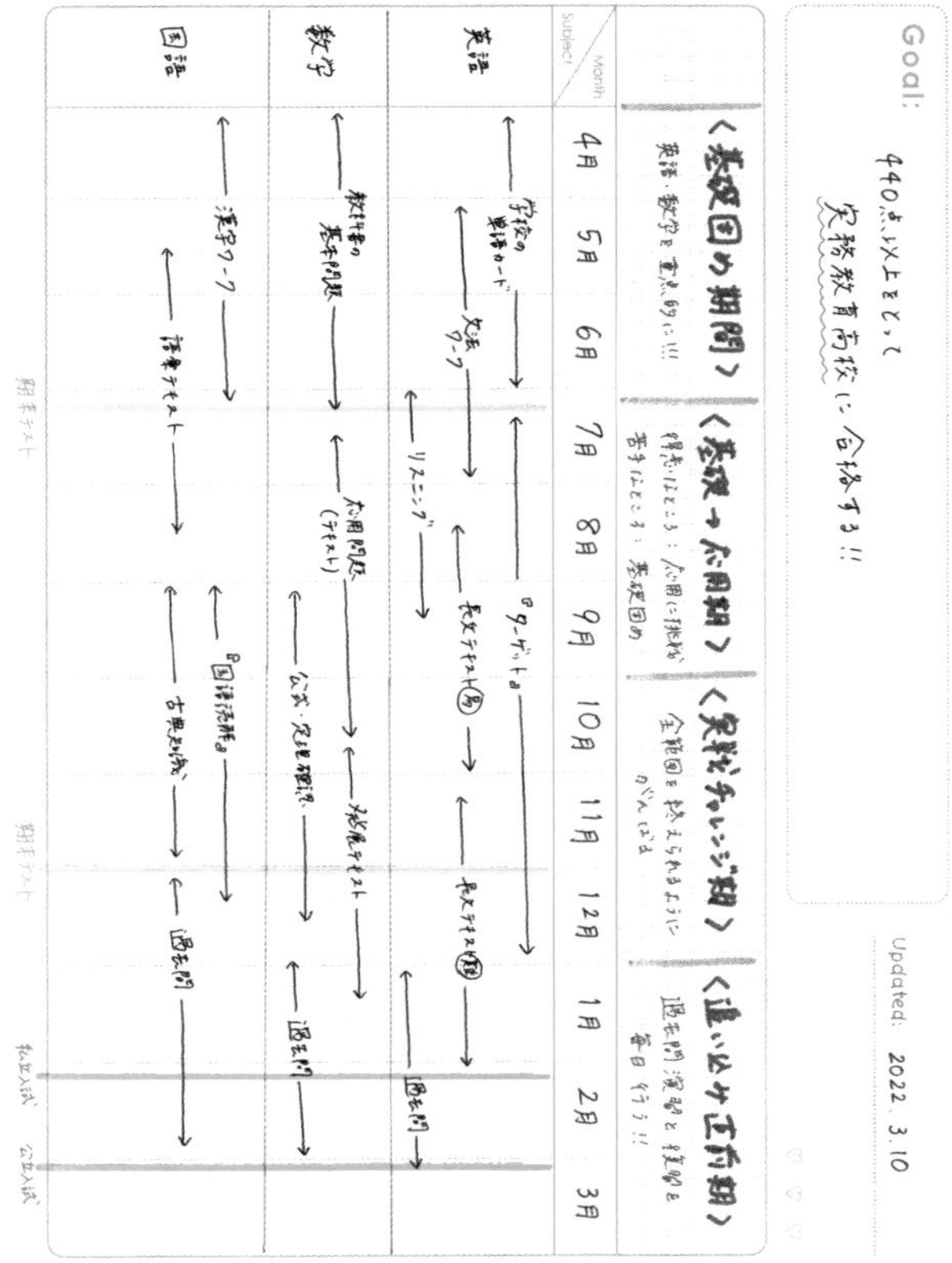

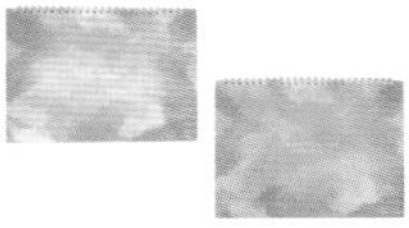

勉強管理帳 B5　みおりん　Study Time（全2色）
サンスター文具株式会社

息が詰《つ》まってしまう……」という人は、一週間単位にしてもかまいません（ここでは一日単位の場合で説明します）。

デイリー計画は、月間計画のところで出そろった「必要セット数」を毎日の計画に振《ふ》り分《わ》けていきます。たとえば、先ほどの15セット必要な理科の参考書の音読なら、1カ月のなかから合計15日を選んで割《わ》り振《ふ》っていくということです。

ここで注意したいのが、**「その日のセットの合計時間＜その日確保できる勉強時間」になるようにする**こと。あらかじめ「この日は何時間勉強できるのか」ということを考え、それを超《こ》えない範囲《はんい》で計画を入れてください。

休憩《きゅうけい》時間や遅《おく》れが生じても大丈夫《だいじょうぶ》なように、セットの合計時間は「確保できる勉強時間－《マイナス》1時間前後」におさまるようにするのがおすすめだよ。

また、必ずやってほしいのが**「週に1日程度の割合で『予定ゼロDAY』を作る」**とい

やることリスト

STEP③デイリー計画に落とし込む

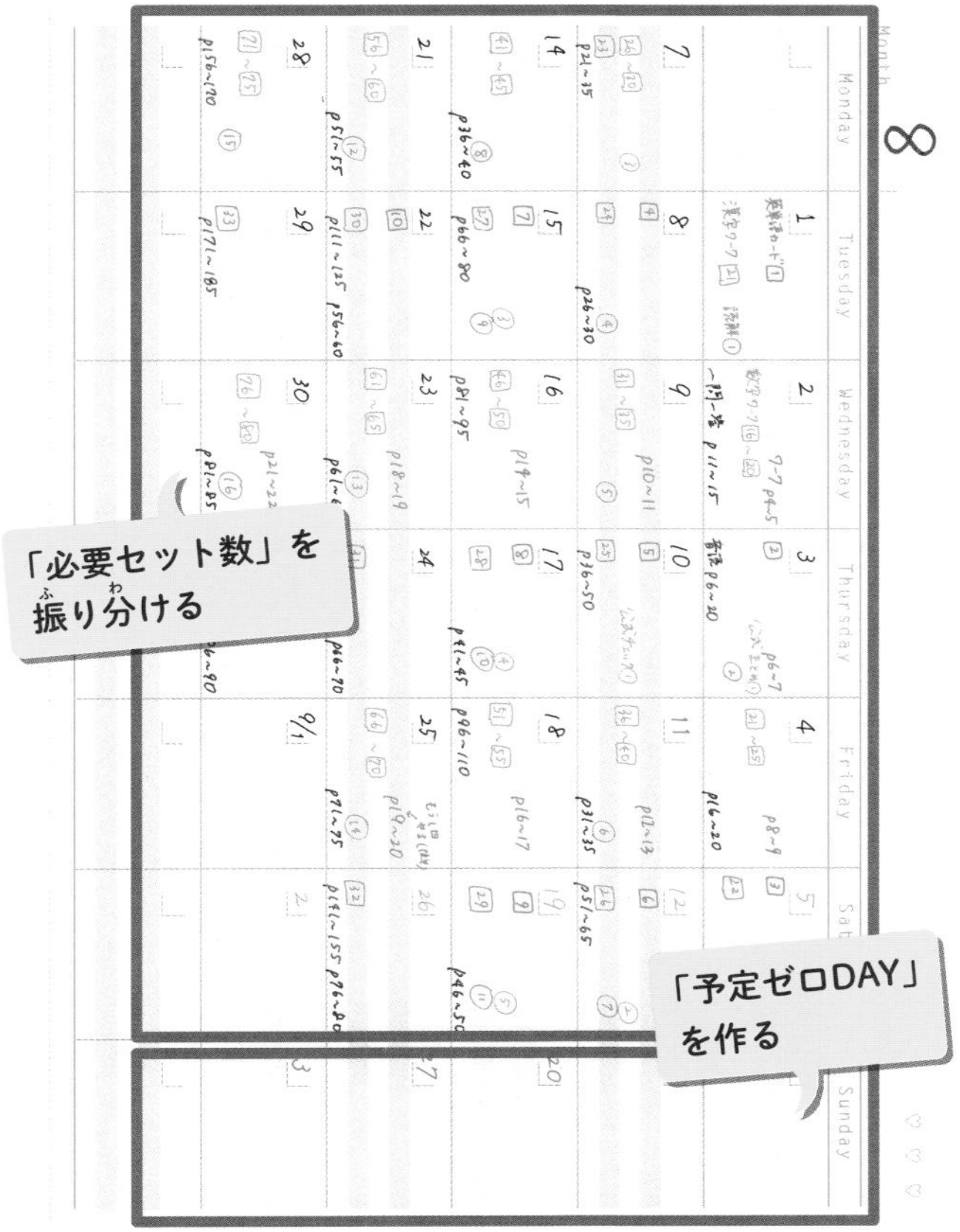

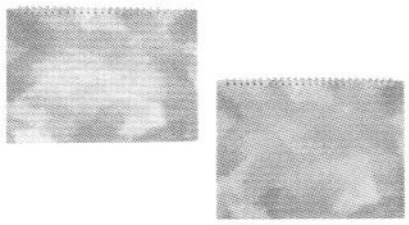

勉強管理帳 B5　みおりん　Study Time（全2色）
サンスター文具株式会社

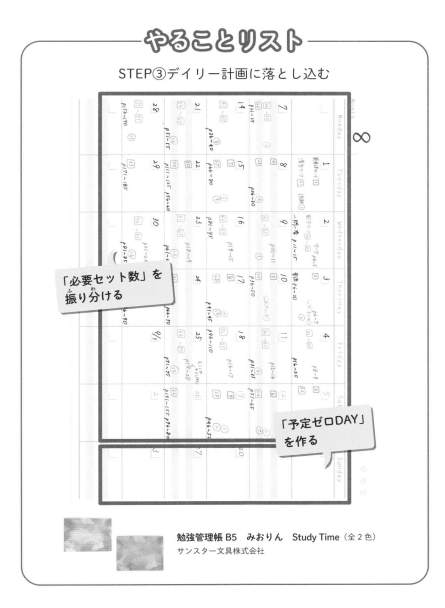

うことです。

がんばって勉強をしていても、その日にやるはずだったことが終わらず、翌日以降に持《も》ち越《こ》しになってしまうということはどうしても起こります。そうなってしまったとき、**予定ゼロDAYがあればこの遅《おく》れを巻き返すことができる**のです。慣れないうちは週に2日ほどでもいいので、勉強の計画を入れない日を作っておきましょう。

さあ、ここまでで計画はいったん完成！　この計画にしたがって、実際に勉強を進めていきましょう。

計画の見直し方

計画は、立てて、そのとおりに勉強して終わり、ではありません。「計画に対して遅《おく》れていないか」「遅《おく》れているとしたら、その原因はなんなのか」を見直して、**定期的にアップデートしていく必要があります**。

ルーティンとしては、**毎月末に進捗《しんちょく》を確認《かくにん》して、翌月の月間計画・デイリー計画を立てる**のがおすすめ。作り方はこんな感じです。

> **①年間計画を確認《かくにん》し、翌月やるべきことを書き出す**
> **②今月のうちに予定ゼロDAYで巻き返しきれなかったぶんの遅《おく》れを確認《かくにん》し、翌月の計画に後《うし》ろ倒《だお》しにして入れる**

今月の遅《おく》れは翌月に持《も》ち越《こ》しになるということですが、ただ、これをずっとやってしまうと受験当日までにやるべきことが終わらなくなってしまいますよね。考え方としては次の3つを覚えておいてください。

> **《例》「参考書の問題の1〜60番を今月、61〜120番を来月やろうと思っていたのに、今月は1〜30番しかできなかった」場合**
>
> **考え方① 来月の計画を「31〜120番」にする**

考え方② 来月の計画を「31～90番」にする

考え方③ 31～120番のうち、来月は優先順位の低いものを省いた60問をやる

どの考え方を選ぶかは、そのときどれくらい余裕《よゆう》があるかによって決めましょう。

一日のタイムスケジュールの作り方

受験生は一日何時間くらい勉強すればいいの？

一応平日は3時間程度、土日・長期休みは6～8時間程度が目安といわれているけど、その子の習熟度や時期によって変わるし、「何時間やる」よりも「これとこれをやる」と決めるのが鉄則だよ。

一日のタイムスケジュールの作り方としては、次のようなことを意識してみるのもおすすめです。

- **朝いちの勉強は、なるべく頭を使わないでできるシンプルなもの・なるべくストレスなくできる好きなものを選ぶ**

↓いい気分で自然と勉強モードに入れるようにする

- **暗記ものは寝《ね》る前の時間に入れる**

↓寝《ね》ている間に記憶《きおく》が定着するといわれている

- **こまめに休憩《きゅうけい》を入れる**

↓「25分勉強＋5分休憩《きゅうけい》」の30分セットをくり返す「ポモドーロ・テクニック」もおすすめ

また、**一日のタイムスケジュールは前日の夜までに決めておく**ようにしましょう。朝起きてから「さあ、今日はなにをしようかな……」と考えるのだとエンジンがかかるのが遅《おそ》くなってしまい、計画が崩《くず》れて自己嫌悪《けんお》になってしまうことも。特にお休みの日は、翌朝起きたらどこで勉強するのか（図書館・自習室・カフェ・家など）まで考えておけるとベストです。

模試の活用法

受験生は何度か受ける機会のある**「模試」**。模試は受験勉強にかなり役立つものなので、ないがしろにしないようにしてください。

みおりんは自宅浪人《ろうにん》時代、模試をフル活用したことで成績を上げて東大に合格できたよ！

模試はなんのために受けるの？

そもそも模試を受ける目的は大きく2つあります。

1つめは、**「いまの自分の実力とこれから埋《う》めるべき穴を確認《かくにん》すること」**です。

計画の立て方のところでもお話ししたように、受験勉強において自分の位置を把握《はあく》しておくことはとても大切です。**模試を受けると、志望校との距離《きょり》や周りの子たちと比べた自分の立ち位置がわかる**ので、あとどのくらいがんばらなければいけないかということを考えることができます。

「模試で解けなかったところ=自分の穴(苦手)」を知ることができるのも模試の効果です。模試では、実際の入試で頻出《ひんしゅつ》の問題や、特におさえておくべき重要なポイントがよく出題されます。解けなかったところはしっかり復習して、本番の入試での得点率をアップさせましょう。

2つめは、**「試験の雰囲気《ふんいき》に慣れること」**です。

学校の定期テストでも非日常感があると思いますが、入試は試験会場も一緒《いっしょ》に試験を受けるメンバーもいつもと違《ちが》うので、さらに非日常の空間です。慣れない環境《かんきょう》だとどうしても緊張《きんちょう》してしまって、普段《ふだん》どおりの実力が発揮しづらくなってしまいますよね。

模試（特に個人で申《もう》し込《こ》んで外部会場で受ける模試）は入試に近い雰囲気《ふんいき》があるので、何度か受けておくことで場慣れすることができ、練習としてはぴったりです。

模試の勉強法

模試はそれ専用の特殊《とくしゅ》な勉強法があるわけではなく、**基本的には学校のテストと同じように対策をするのが大切です**。出題範囲《はんい》が指定されている場合はあらかじめ確認《かくにん》し、該当《がいとう》範囲《はんい》の参考書や問題集を解くようにしましょう。

模試で最も大切なのは、**受けたあとの復習**です。受けっぱなしにするのは言語道断……！　徹底《てってい》した復習を行うことで模試は真価を発揮します。

復習はいつすればいいの？

圧倒的《あっとうてき》に「模試を受けたその日」がおすすめ!
自分がどこで迷ったか、どんな答えを書いたかという記憶《きおく》が新しいうちに復習することが大切だよ。

全教科共通の復習方法

どんな教科でも、まずは次の3ステップを行いましょう。

STEP① 自己採点をする

配られた解答解説冊子をもとに、丸つけを行います。**試験中、問題冊子にはなるべく自分の解答を書いておくようにしましょう。**もちろんその余裕《よゆう》がないことも多いと思いますが、少なくとも記号問題では必ず印をつけておくようにしてください。

記述問題は正確な採点がしにくいかもしれません。その場合は、解答解説の模範《もはん》解答を読み、

・自分の解答でも書いた記憶《きおく》がある要素↓赤ペンでマーク
・自分の解答では書けなかったと思われる要素↓青ペンでマーク

などと印をつけてみてください。

STEP② 解答解説をひととおりすべて読む

模試の解答解説冊子というのは、みなさんが思っている以上に有益な情報が満載《まんさい》です。

まずはこの冊子のひととおりすべてに目を通してください。このときに行うのが、**「知らなかったことへのアンダーライン引き」**です。

・初めて知った知識
・知っていたけれど忘れかけていた知識
・「おもしろいな」と感じた解説
・「なるほど!」と思った解説

など、気になるところすべてをマーキングします。これにより、模試を受けた時点で自分が知らなかった・わかっていなかったことを効率よくあぶり出すことができます。

STEP③ 間違《まちが》えた原因を突《つ》き止《と》める

ここまでのステップで自分の間違《まちが》えた問題や抜《ぬ》けている知識がわかりました。次にするのは、**「なぜ間違《まちが》えてしまったのか」という理由を突《つ》き止《と》める**ことです。

- **知識不足（そもそも勉強していなかった）**
- **うろ覚え、ど忘れ**
- **単純なケアレスミス**

など、様々な理由が考えられますよね。一つひとつの問題について、その理由を考えてみましょう。

教科別の復習方法

STEP③までできたら、教科別に細かく復習をしていきます。

英語・国語の復習方法

英語や国語の問題は、大きく次の2タイプに分かれます。

- **暗記系**
  英単語・英文法の暗記、漢字・用語・古文単語・文法の暗記など
- **非暗記系**
  長文読解、リスニング、説明文や物語文の読解など

暗記系の復習方法はシンプルです。

①暗記しなければいけないことをABCノート勉強法のCノートに書く

②Cノートを何度もくり返し読み返す
（ABCノートの作り方は126ページ）

覚えたい部分をオレンジのペンで書き、赤シートで隠《かく》して覚えるというのもおすすめ。もちろんこれ以外の方法で自分なりの暗記法がある人はそのやり方でかまいません。

非暗記系は暗記系に比べるとちょっとやっかいですよね。暗記系は覚えれば同じものが今後も出題されるかもしれませんが、非暗記系（読解・リスニングなど）は二度と同じ問題は出ないからです。

そんな非暗記系の復習では2つのことを行うようにしましょう。

1つめは「テクニックの暗記」です。

解答解説冊子にはときどき、「登場人物の心情は情景描写《びょうしゃ》からわかることが多い」というような、**問題を解くときのコツやテクニック**が書かれていることがあります。これは覚えておけばおくほど役に立つ知識。わたしはこうしたコツやテクニックをノート（Cノート がおすすめ）にまとめ、毎回の模試や入試の試験開始直前に読み返すようにしていました。

2つめは「問題別の作戦会議」です。

先ほどのステップ③で突《つ》き止《と》めた各問題の間違《まちが》えた理由をもとに、**これからどのような対策をするべきなのか**を考えます。例としては次のようなイメージです。

- **英語の長文読解が全然解けなかった**
↓語彙力《ごいりょく》不足が原因なら英単語帳をやりこむ、読解スピードが遅《おそ》いなら速読の参考書に挑戦《ちょうせん》する、など
- **リスニングで失敗してしまった**
↓基礎的《きそてき》なリスニングの参考書から取り組む、そもそもの語彙力《ごいりょく》を増やすため

に単語帳をやりこむ、など

・**国語の説明文で大量失点してしまった**
↓語彙《ごい》力《りょく》不足が原因なら用語集を使ってみる、漢字が書けなかったなら漢字の勉強をする、本文全体が理解できなかったなら読解力をつけるための問題集に挑戦《ちょうせん》する、など

数学の復習方法

数学の復習では3つのことを行うようにしましょう。

1つめは「問題の解き直し」です。

まずは間違《まちが》えた問題を解き直しましょう。難しいものは解説を読みながらでもOK。そのうえで、なぜ解けなかったのか？ということをしっかり考えてみましょう。

今後も何度か解き直す必要があると感じる場合は、ABCノート勉強法のBノートに問

題と解答解説をまとめるようにしてくださいね。

2つめは「類題を探して解く」ということです。

間違《まちが》えた問題と同じ分野・単元の問題を探してきて解きましょう。できればBノートに書いておくと、あとから何度も復習することができます。

3つめは「テクニックの暗記」です。

先ほどの英語・国語と同様、数学の解答解説にも意外とコツやテクニックが書かれていることがあります。これはぜひCノートに書き写しておくようにしましょう。

また、数学の難しい問題は**「どうすればその解き方を思いつくのか」ということを知る**のも大切です。わたしはそれが自分でわからない場合は、学校の先生に「どう考えればこのやり方が思い浮《う》かぶんですか!?」と質問をするようにしていました。

理科・社会の復習方法

理科・社会は、英語・国語・数学のところでご紹介《しょうかい》した方法の組み合わせで復習することができます。

・**暗記系**
↓暗記するべきことを書き出し、くり返し暗記を行う(用語、年号、化学式など)
・**非暗記系(計算問題)**
↓数学と同じように、解き直し&類題探し&テクニックの暗記
・**非暗記系(記述問題)**
↓解き方のテクニックの暗記

特に社会は暗記要素が多くなるでしょう。わたしも、解答解説冊子を読んで知らなかったことにアンダーラインを引くと、ほとんどラインで埋《う》まってしまうということもありました。時間がかかってもいいので、冊子に書かれている内容を余すところなく利用できる

ようにしましょう。

結果の振《ふ》り返《かえ》り方・成績表の見方

模試を受けてしばらく経《た》つと成績表が返却《へんきゃく》されます。

復習をろくにしないでこの返却日《へんきゃくび》を迎《むか》えてしまうと、成績表を見てもつい判定や偏差《へんさ》値《ち》ばかりに目が行ってしまいます。でも、このように結果に一喜一憂《いっきいちゆう》するのはまったく意味がありません。

模試の結果というのはそれを受けたとき（数週間〜1カ月くらいも前）の自分についてのことなので、すでにだいぶ過去の話なのです。重要なのはこれからの自分がどうするかということ。ちゃんと自己採点や復習をしておけば、だいたいの点数がすでに予想できているぶん、成績表を見ても表面的な結果に振《ふ》り回されなくなります。

判定や偏差値《へんさち》は簡単に確認《かくにん》し、志望校と自分との距離《きょり》の把握《はあく》に役立てるようにしましょう。それ以上に大事なのが、**判定の下や裏のページにある、「あなたは〇〇の分野が得意／苦手ですよ」という部分**。また、大問別に得点の記されたところも要チェックです。

これはなぜかというと、A判定やC判定といったざっくりとした結果ではなく、**「具体的にどこが足りていないからどのくらい伸《の》ばすべきか」ということがわかる**からです。これを見ることで、これから何に注力して勉強を進めていけばいいかがわかります。必ずチェックして、今後の方針に役立てましょう。

過去問の使い方

模試と並んで活用したいのが**「過去問」**です。夏頃《ごろ》から最新版のものが発売されるので、使いやすそうなものを購入《こうにゅう》するようにしましょう。問題はどの本でも同じなので、解説の詳《くわ》しさやわかりやすさで比べて選ぶのがおすすめです。

過去問はなんのために解くの？

過去問を解く目的は模試と似ていて、**「いまの自分の実力とこれから埋《う》めるべき穴を確《かく》認《にん》すること」**と**「本番のイメージをもつこと」**です。

これまでに実際に出題された問題を解いて丸つけをすることで、いまの自分の実力は合格点と比べてどのくらいかということ、どこがまだ弱いのかということがわかります。また、本番に近い環境《かんきょう》で実際の問題を解くことで、入試当日のイメージトレーニングを行うことができます。

過去問の解き方

当然ですが、過去問は中1〜中3の全範囲《ぜんはんい》から問題が出題されているので、**基本的には3年間の範囲《はんい》の勉強を終わらせないと解くことができません。** 塾《じゅく》に通っている場合は、カリキュラムにしたがっていれば中3の春〜夏頃《ごろ》までに先取り学習を終えることができると思いますが、独学で勉強する場合には早め早めのスケジュールでひととおりの勉強を終えるように自分で計画を組みましょう。

過去問を解くときの3つのポイントをご紹介《しょうかい》します。

①全教科セットで解く

「英語だけ先に5年ぶん解いてしまう」といったことはせず、**同じ年度の全教科を1セッ**

トとして解くようにしましょう。

過去問を解いて採点すると、「その年の入試で自分は志望校に合格できていたかどうか」ということがわかりますよね。そのためにも、特定の教科だけではなく全教科の合計点を把握《はあく》できるようにしておく必要があります。

②本番同様の解答用紙を使って解く

なるべく本番の解答用紙に近い用紙を使って問題を解くようにしましょう。

たとえば解答を書くスペースの大きさが本番と全然違《ちが》う紙で過去問演習を重ねていた場合、入試当日の解答用紙に答えが入りきらなかったり、どのように書いていいかわからなくなったりしてしまうことも考えられます。まったく同じでなくてもいいので、**できる限り本番の解答用紙を再現する**ようにしてみてください。

③本番と同じ時間を計って解く

過去問は必ず本番と同じ制限時間で解くようにしましょう。タイマーなどを使って時間を計り、問題を解く順番を工夫《くふう》したり、各問題にかける時間配分を考えたりするようにしてください。

制限時間が経過したら、そこでいったん手を止めます。もし「もう少し時間があれば解けそうなのに……」という問題がある場合は、時間内に解いたところと区別できるようにしたうえで（区切りの線を引いたりペンの色を変えたりするといいでしょう）、解けるところまで解いてみましょう。

復習のやり方

過去問を解いたら自己採点をし、間違《まちが》えてしまったところを復習します。復習のやり方は基本的に模試と同じなので、先ほどの模試のところでご説明した方法を実践《じっせん》してみてくださいね。

自己採点と復習が終わったら、ぜひやってほしいことがあります。それは**「過去問記録シート」**に記入すること。

自分の各教科の得点と全教科の合計得点を書《か》き込《こ》めるようなシートを作りましょう。できれば**その年の合格者平均点や最低点**なども調べて書《か》き込《こ》んでおき、自分の得点と見比べます。こうすることで、その年の入試を受けていた場合の自分の合否やでき具合がわかります。

シートにしておくと、何年かぶんの記録を一覧にすることができ、自分の実力の推移も把握《はあく》することができます。

過去問記録シートの例

過去問記録シート

— 目標点 達成！
— 残念…。

	SCORE	英語	数学	国語	理科	社会	合計	振り返り
2021	目標	90	85	85	90	90	440	12/27(火) おおむね目標点をとれたけど、ケアレスミスが重なって失点してしまった。各教科ラスト5分は見直しに時間をあてられるように工夫する！
	結果	95	82	84	90	88	439	
2020	目標	90	87	85	90	85	437	1/7(土) 数学でどうしても目標点をとることができない…。苦手な分野をワークでひととおりやり直す！
	結果	92	79	87	82	92	432	
2019	目標	95	85	90	85	90	445	1/15(日) 数学で初めて目標点超え♪ 社会はうろ覚えが露呈してしまった。英文法ももう一度復習する!!
	結果	92	86	84	90	88	440	
2018	目標	90	82	85	85	90	432	2/12(日) 噂どおりこの年の問題は難しかった…。国語は得点が安定してきた気がする。数学の計算スピード、社会の地図問題に課題が残っているので練習する！
	結果	82	75	85	82	80	404	
2017	目標	92	85	85	90	90	442	2/17(金) これまでで最高記録を出せた！9割も夢じゃないと思うので数学と理科を中心にがんばる！
	結果	92	85	88	88	95	448	

内申点の上げ方

高校受験において、**内申書**は大切な要素の一つ。なかでも**内申点**と呼ばれる成績（評定）はとても重要なので、できる限りアップさせておきたいところです。

内申点は一朝一夕《いっちょういっせき》に上がるものではありません。また、序章でお話ししたように、中1や中2のときの成績も含《ふく》めて計算する地域や学校もあるので、なるべく早いうちから内申点を上げられるような勉強習慣を身につけておくことが必要です。

ここでは、内申点を上げる3つのコツをご紹介《しょうかい》します！

①テストでしっかり点をとる

テストの点数はやはり大切です。

学校のテストは、「この期間に授業で勉強した内容をどこまで理解できているか?」を測るもの。ここで点数がとれていれば、学校の先生も「この子はこれくらい理解できているんだな」ということがわかり、評価がしやすくなります。

②平常点をコツコツ稼《かせ》ぐ

テストだけでなく、平常点も大事な要素です。基本的なことではありますが、

- **授業にしっかり出席する(なるべく欠席や遅刻《ちこく》・早退をしない)**
- **まじめな態度で授業に臨《のぞ》む**
- **提出物を期限までにきちんと出す**

といったことをコツコツ重ねるようにしましょう。

③授業に積極的に参加する

先生は授業中の姿勢も見ています。

授業ではできるだけ発表をしたり、わからなくて困っている友だちがいたら教えてあげたりできるといいでしょう。「それは少しハードルが高いかも……」という場合は、まずは**先生の説明をしっかりうなずきながら聴《き》く**だけでもかまいません。みんなの前で発言するのが苦手なら、休み時間にこっそり先生に質問に行くのもいいでしょう。

必ずしもばんばん発表したり目立ったりする必要はないので、授業に真剣《しんけん》に参加していること、勉強をがんばろうとしていることが先生に伝わるように努めてみてくださいね。

第4章

得点力が着実に上がる！

基本の5教科勉強法

一般的《いっぱんてき》に公立高校では５教科、私立高校では３教科が対象となる学力検査（試験）。得点力を上げるにはどのような対策をしたらいいのでしょうか？

この章では、全教科に使える基本の受験勉強法から教科別の勉強法まで、勉強の具体的なポイントを詳《くわ》しく解説します。

基本の受験勉強法

高校受験の勉強のゴールは、**「教科書の範囲《はんい》を確実にマスターすること」**です。一部、独自の難しい問題を出題する難関校ではさらにプラスα《アルファ》の勉強が必要になりますが、まずは教科書の内容をしっかりおさえることが大切です。

これをゴールとして、インプットとアウトプットをくり返しながら自分の穴（苦手）を埋《う》めていくというのが受験勉強の基本です。

インプットとアウトプットって？

勉強は大きく、インプットとアウトプットの2つに分かれます。**「インプット」**とは知識を頭に入れること、**「アウトプット」**とは学んだ知識を使うことです。

勉強ではこのインプットとアウトプットをバランスよくくり返すことが大切。下のような基本的な流れを覚えておきましょう。

じつは勉強が苦手な人ほど、インプットばかりに偏《かたよ》ってしまいがちです。ですがインプットばかりしていると、いつまで経《た》っても問題が解けるようにならないということも。**意識的にアウトプット（問題を解く）の時間をとるようにしてみましょう。**

① 授業を聴《き》いたり教科書を読んだりして知識を入れる
（インプット）

② ①で学んだ知識を使って問題を解く（アウトプット）

③ ②で間違《まちが》えてしまったところやわからなかったことがあれば、授業ノートや教科書を読み返して知識を復習する（再インプット）

④ ③で復習した知識を使って問題を解き直す
（再アウトプット）

自分の穴を埋《う》める「〇×ろ過勉強法」

自分の穴を確実に埋《う》めることができる、とっておきの勉強法をご紹介《しょうかい》します。

それは「**〇×ろ過勉強法**」というもの。参考書や問題集を使うときには、ぜひこの方法を実践《じっせん》してみてください。

やり方は左ページのとおりです。

これを、**×と△の印がつかなくなるまでくり返す**というのが〇×ろ過勉強法。「×や△の印のついた問題＝自分の苦手」がだんだんとろ過されていき、最後にはほとんどすべての問題を解けるようになります。

「○×ろ過勉強法」

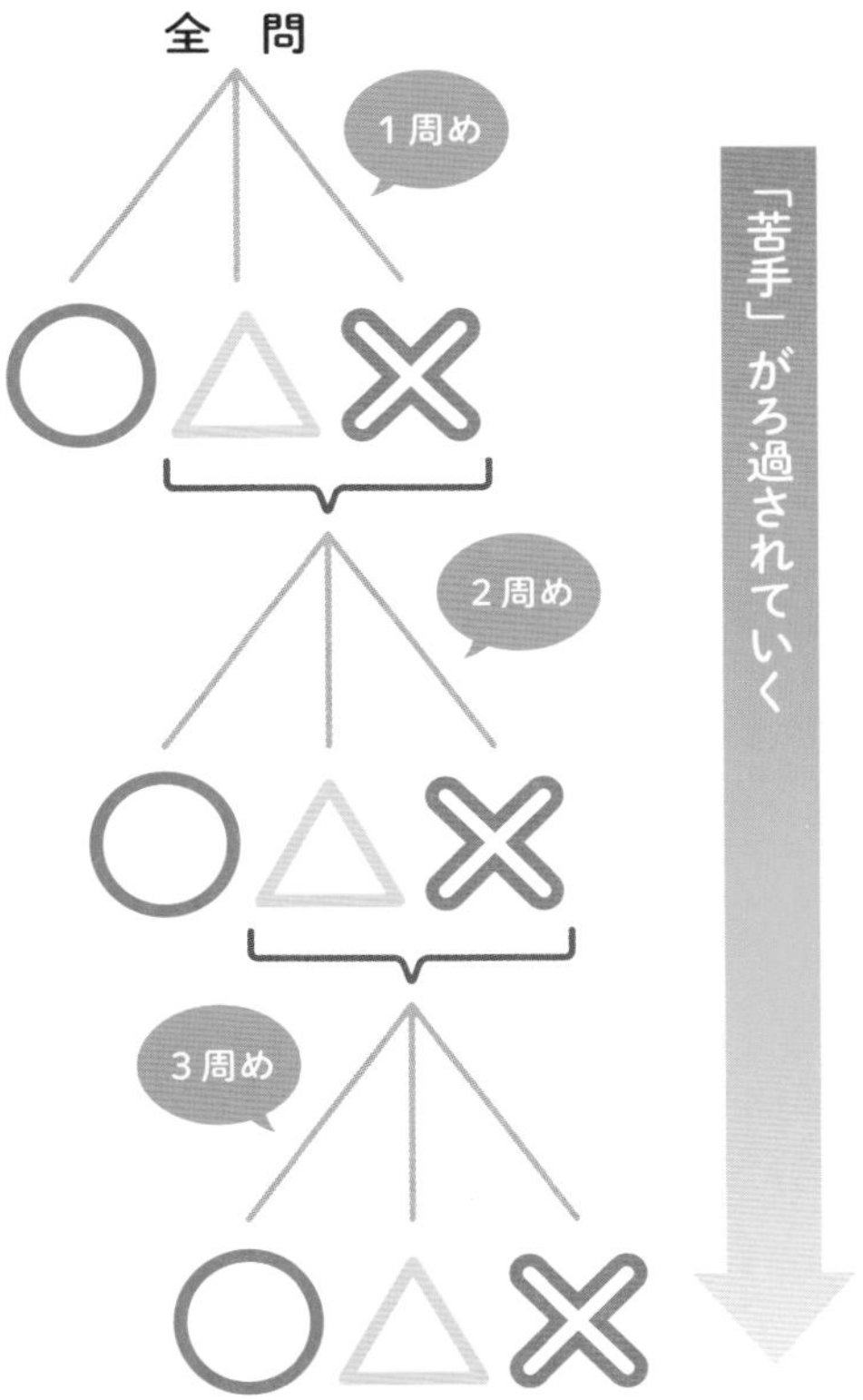

①1周め

問題を解き、合っていたものには○、間違《まちが》えてしまったものには×、怪《あや》しかったものや惜《お》しかったものには△の印をつける

②2周め

×と△の印のついた問題だけを解き、同じように印をつける

1周めと違《ちが》う色のペンで印をつけると何周めの結果なのかわかりやすくなる

③3周め

2周めに×と△の印をつけた問題だけを解き、同じように印をつける

1、2周めと違《ちが》う色のペンで印をつけると何周めの結果なのかわかりやすくなる

みおりんがやっていた「ABCノート勉強法」

○×ろ過勉強法と組み合わせてできるおすすめ勉強法が、わたしが高校受験のときに実《じっ》践《せん》していた**「ABCノート勉強法」**です。

- **Aノート**＝ひたすら問題を解くときに使う「演習ノート」
- **Bノート**＝間違《まちが》えてしまった問題や苦手な問題をまとめる「自分専用問題集ノート」（間違《まちが》い直しノート）
- **Cノート**＝よく混乱してしまう分野や苦手なところをまとめる「自分専用参考書ノート」（まとめノート）

という3種類のノートを用意し、インプットとアウトプットをくり返します。

ポイントは、教科別にノートを用意するのではなく、**それぞれすべての教科を1冊にまとめる**ということ。**「この3冊さえあれば自分の苦手が克服《こくふく》できる」**という状態を作ります。

Aノート（演習ノート）の作り方

Aノートはひたすら問題を解くためのノートなので、難しいことは考えず、次のようにして作ればOKです。

①ページ番号と問題番号を書く
②問題を解き、自分の解答を書く
③丸つけをし、答えを直す

問題文は書き写さなくて大丈夫《だいじょうぶ》。間違《まちが》えてしまった問題はしっかりと復習するようにしましょう。

Bノート（自分専用問題集ノート）の作り方

Bノートでは、自分の苦手な問題とその解答解説をまとめていきます。なんでもかんでもまとめるのではなく、**何度も間違《まちが》えてしまった問題（○×ろ過勉強法で何周しても△や×の印がついてしまうもの）や、テストや模試で失点してしまった重要な問題だけを書く**ようにしましょう。

次のような手順で、**問題ページ**と**解説ページ**の2つのパートを作っていきます。

① **【問題ページ】【解説ページ】ページ番号を振《ふ》る**
ページの下部分などにあらかじめ番号を書く

② **【問題ページ】間違《まちが》えた問題を書く**
時間がないときにはコピーを貼《は》り付《つ》けてもOK◎

③ **【解説ページ】該当《がいとう》の問題のページ番号と問題番号を書く**
どの問題の解説なのかわかるようにしておく

④ **【解説ページ】解答とオリジナル解説を書く**
誰《だれ》かに説明するような気持ちで、自分なりの解説を書くのがポイント！

⑤ **【問題ページ】解説ページの番号を書く**

問題を解いたあとにどのページに解説があるかわかるようになる

Bノートはテストや模試の前に解き直したり、曜日を決めて定期的に復習したりしましょう。**受験当日までにノートにあるすべての問題を解けるようにしておく**のが目標です。

Cノート（自分専用参考書ノート）の作り方

Cノートでは、自分の苦手なポイントをわかりやすくまとめていきます。こちらもなんでもかんでもまとめるのではなく、**いつも混乱してしまうポイントや、テストや模試で間《ま》違《ちが》えてしまった重要なポイントだけを書く**ようにしましょう。

次のような手順でノートを作っていきます。

①まとめる内容のタイトルをつける

②覚えたい内容をまとめる

ベースは教科書や参考書の内容を参考にしつつ、**自分の苦手な部分をピックアップし、自分なりの覚え方やポイントを書き加える**のがコツです。イラストや図表を使ってまとめるとビジュアル的にもわかりやすくなりますよ。

前作『モチベも点数もめきめきアップ！　中学生のおうちノート術』で教科別のやり方をとっても詳《くわ》しく解説しているので、そちらもぜひ読んでみてね♪

「ABCノート」の作り方

Aノート（演習ノート）の作り方

❶ページ番号と問題番号を書く
❷問題を解き、自分の解答を書く
❸丸つけをし、答えを直す

Bノート（自分専用問題集ノート）の作り方

❶ 問題ページ 解説ページ ページ番号を振《ふ》る
ページの下部分などにあらかじめ番号を書く

❷ 問題ページ 間違《まちが》えた問題を書く
時間がないときにはコピーを貼《は》り付《つ》けてもOK◎

❸ 解説ページ 該当《がいとう》の問題のページ番号と問題番号を書く
どの問題の解説なのかわかるようにしておく

❹ 解説ページ 解答とオリジナル解説を書く
誰《だれ》かに説明するような気持ちで、自分なりの解説を書くのがポイント！

❺ 問題ページ 解説ページの番号を書く
問題を解いたあとにどのページに解説があるかわかるようになる

Cノート（自分専用参考書ノート）の作り方

❶まとめる内容のタイトルをつける
❷覚えたい内容をまとめる

成績アップ！ ABCノートの具体例

数学のAノート

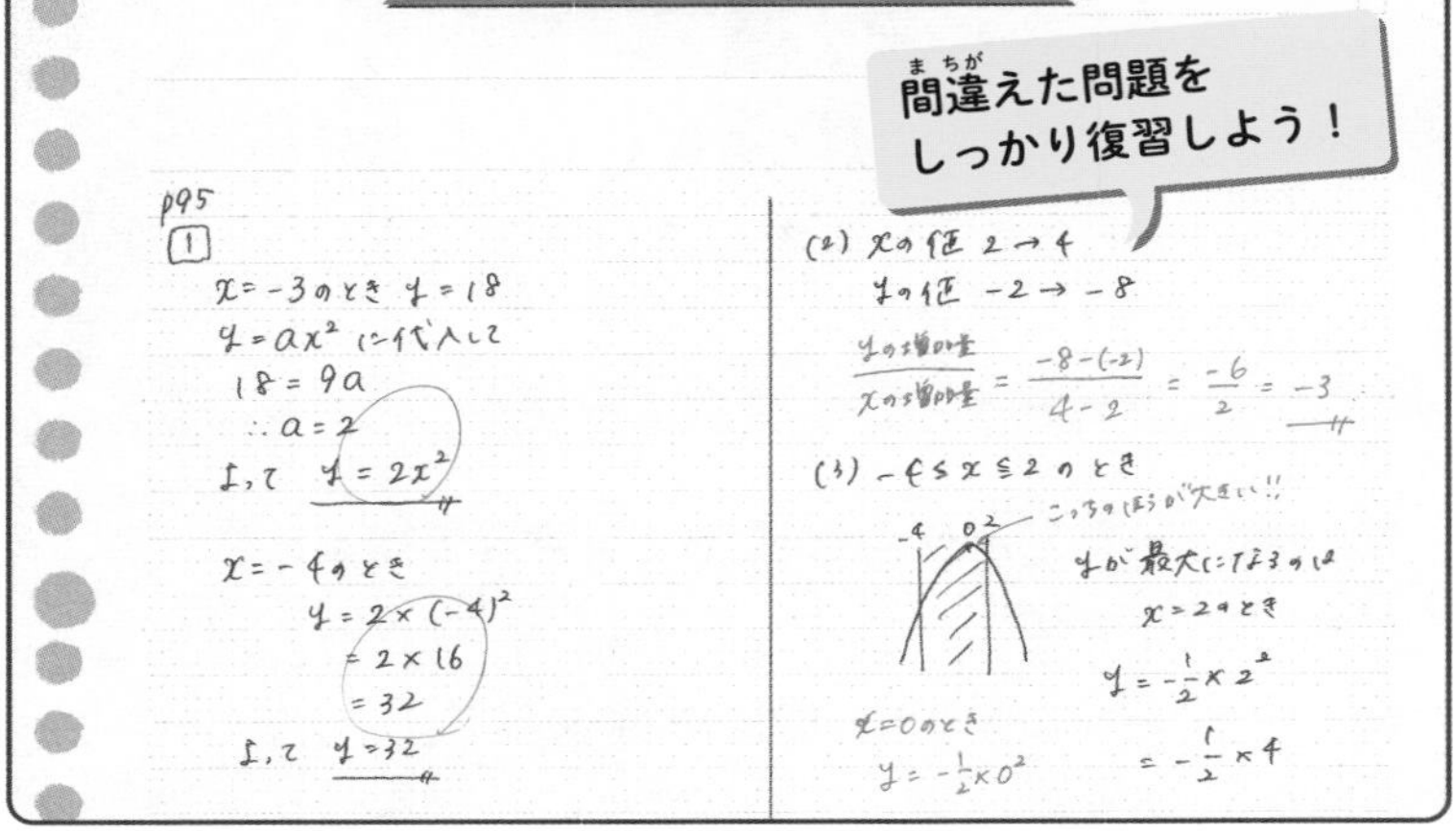

理科のBノート（問題ページ）

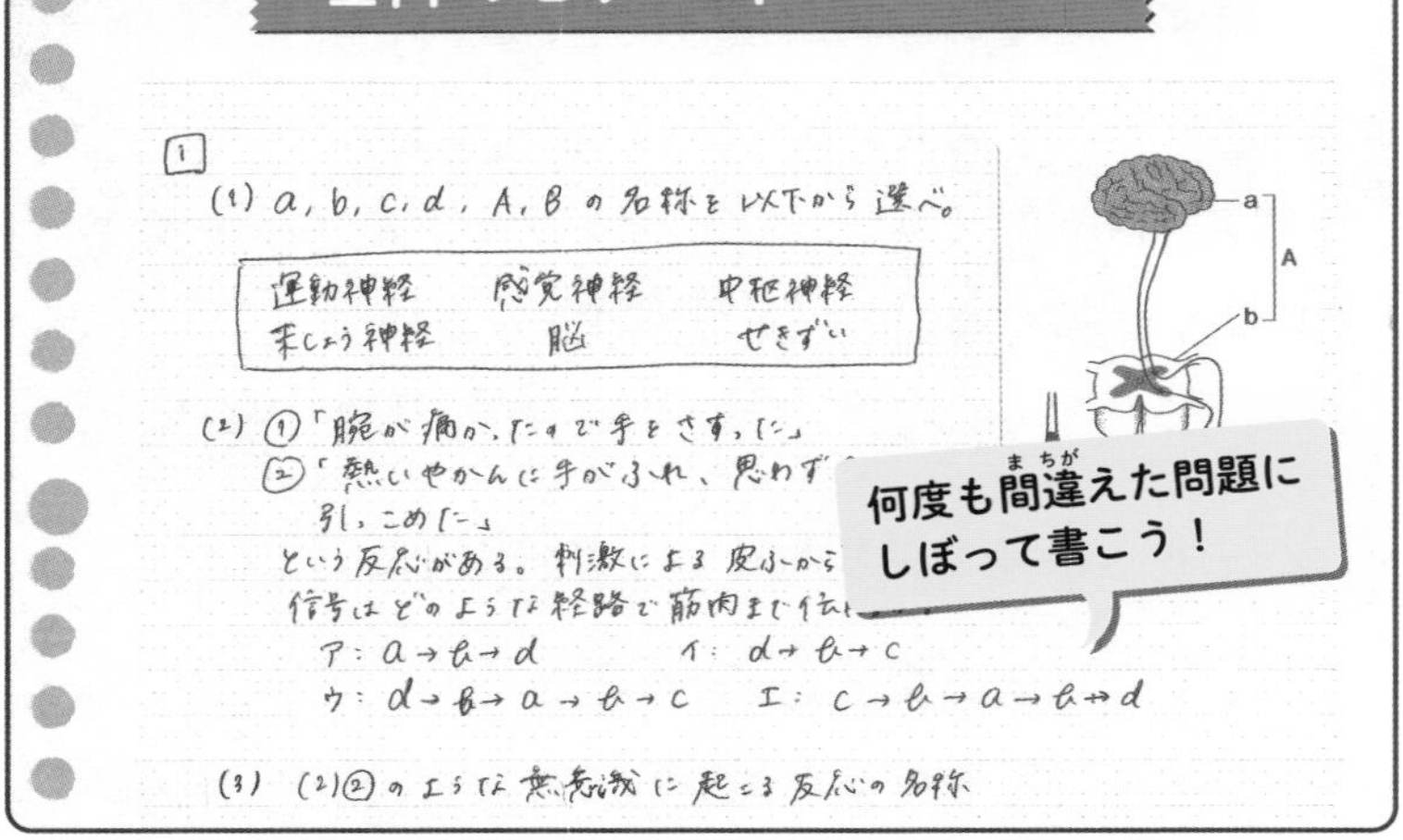

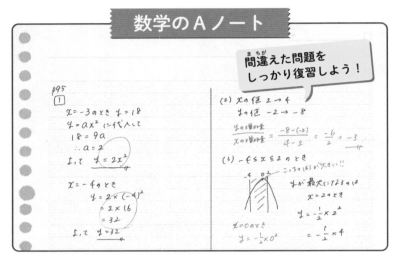

理科のBノート（解説ページ）

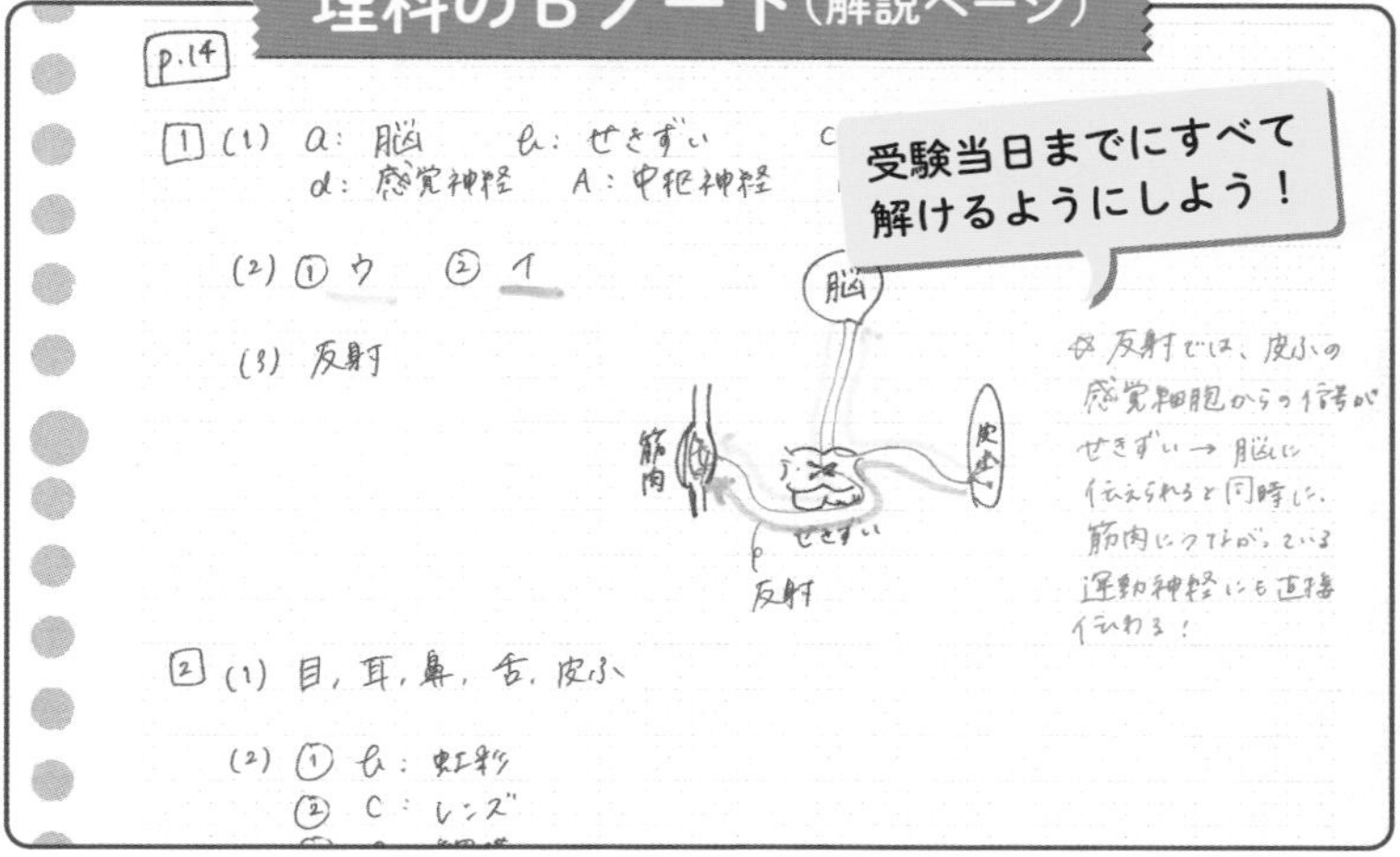

社会のCノート

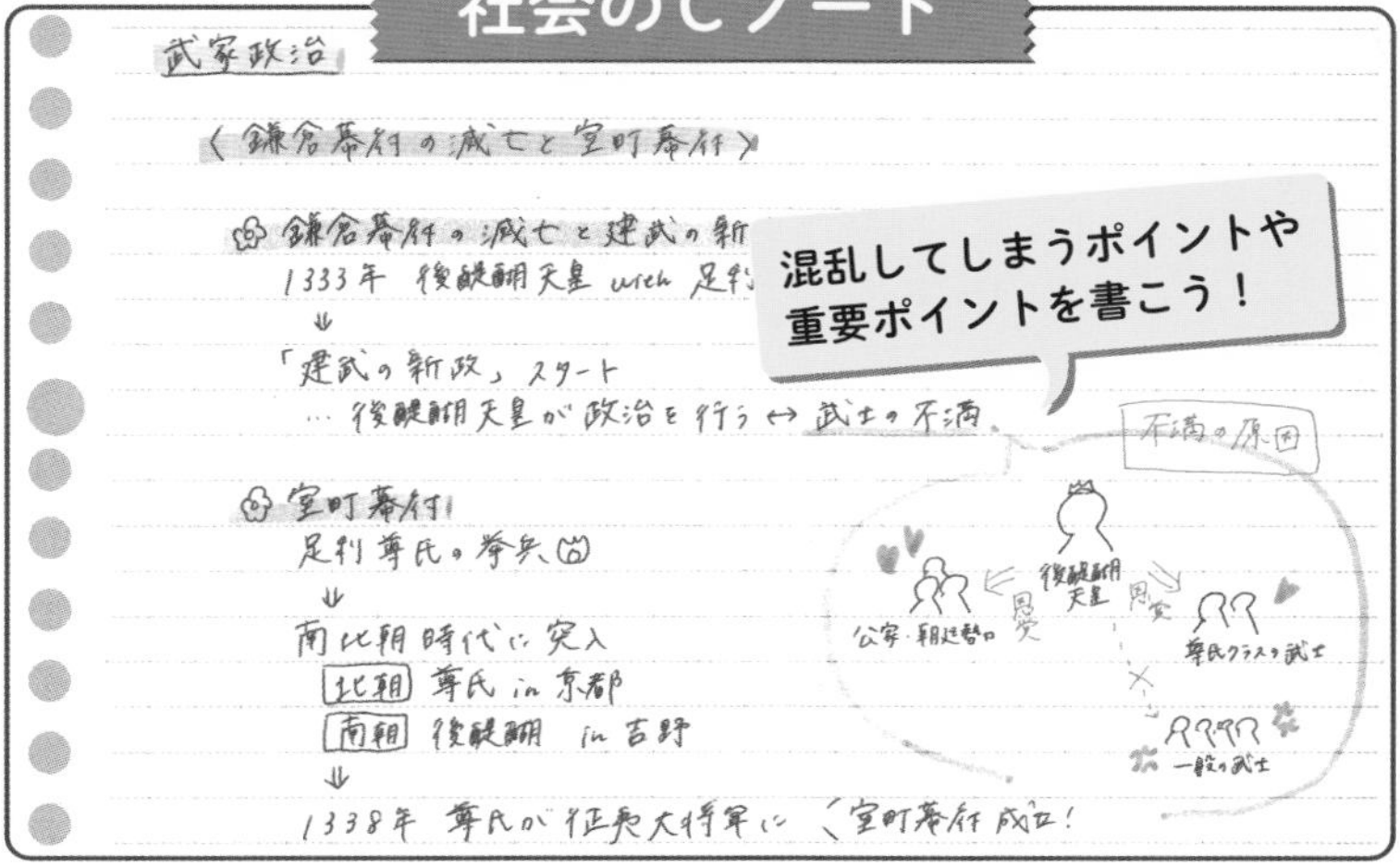

教科別の受験勉強法

受験勉強全体の戦略としては、**「英語・数学・国語は中3の春～夏頃《ごろ》までに仕上げ、理科・社会は中3の夏頃《ごろ》から本格的に力を入れる」**というのが基本です。

英語・数学は**積み上げ科目**といって、前の勉強内容を理解することで初めて次の勉強内容が理解できるようになります。短期間で実力を大幅《おおはば》にアップさせるということが難しいので、なるべく早いうちに力をつけておくことが必要です。

国語は積み上げの要素はそこまでありませんが、やはり短期間では力がつきづらい教科なので、英語・数学と同様早めに対策を始めておきましょう。

一方、理科・社会は基本的に単元ごと内容が独立しており、暗記要素も多い教科。比較《ひかく》的短い期間で点数を上げやすいので、英・数・国の基盤《きばん》ができてから本腰《ほんごし》を入れるようにします。

ここからは、教科別の勉強法のポイントをご紹介《しょうかい》します。

英語の受験勉強法

五感を使って勉強しよう

受験勉強に限らず、英語は**五感を使って学習する**ことが大切です。

五感フル活用で暗記力アップ！

- 目で見る（読む）
- 手で書く
- 耳で聴《き》く
- 口（声）に出す

ということを組み合わせることで、記憶《きおく》が定着しやすくなります。「口で発音しながら手でスペルを書く」「読み上げの音声を聴《き》いて自分でも音読する」など工夫《くふう》してみましょう。

まずは英単語と英文法をマスターしよう

英語の勉強の基本は「単語・熟語」と「文法」です。これらをしっかりおさえておかないと、いくらがんばっても高得点は望めません。

英単語は中1のうちから、授業で出てきたものを中心に少しずつ覚えていきましょう。志望校や自分のレベルに合わせて**単語帳を1冊購入《こうにゅう》し、そこに載《の》っている単語をマスターできるよう何周もくり返す**のもおすすめです。

英文法も中1のうちから、授業で習ったものを着実に身につけていきましょう。文法はなんとなく理解するだけではなくきちんと使えるようにならなければいけないので、**問題**

英語 数学 国語 理科 社会

集を使ってアウトプットをくり返します。

次に長文・リスニング・英作文の対策を

単語と文法の基礎《きそ》ができたら、長文やリスニング、英作文の対策に入ることができます。

長文はなるべく速いスピードで読めるように練習しましょう。 速読力をつけるためには何度も練習を重ねることが必要ですが、後ろから訳しながら読むのではなく前から順に意味をとって読んでいくように意識したり、文のまとまりをスラッシュ（／）で区切りながら読むスラッシュリーディングを実践《じっせん》したりすることも効果的です。

リスニングは1日5分でもいいので、**毎日英語の音声にふれて慣れておく**のがおすすめです。問題を解いたあとは、スクリプト（読み上げられた英文）を見ながら音声を聴《き》き、自分が聴《き》き取《と》れなかったところがどこなのかしっかり把握《はあく》するようにしましょう。

英作文は**「英借文《えいしゃくぶん》」**だといわれます。自分で一から文章を創りだすのではなく、普段《ふだん》の勉強のなかで出てきたフレーズや英単語帳などに載《の》っている英文を覚えておき、それをマネすることで自然な英文を書くことができます。

毎日少しでもふれつづけよう

英語はしばらく間を空けると感覚が鈍《にぶ》ってしまうので、毎日少しの時間でもふれるようにしましょう。「英単語とリスニングは毎日15分はやる」などと決めておくのがおすすめです。

数学の受験勉強法

公式・定理を覚えよう

数学で特に大切なのが、**公式と定理**です。これらはいわば**「武器」**のようなもの。この武器の存在と使い方を知ることで、問題を解けるようになっていきます。

公式や定理は、Cノートなど一カ所にまとめておくのがおすすめ。わたしは中学の数学の授業で作った定理表を高校入試当日に持っていき、見返して復習するようにしていました。

「基礎《きそ》→応用」の順番を必ず守ろう

数学の勉強で必ず守ってほしいのが、**まずは基礎《きそ》固《がた》めに徹《てっ》する**ということです。焦《あせ》って応用問題ばかりに手を出しても、基礎《きそ》の理解ができていない段階ではまったく解けないし力もつきません。

まずは基本的な問題が解けるように何度もくり返し練習すること。そしてそれが解けるようになったら、応用問題に挑戦《ちょうせん》するようにしましょう。

計算力を磨《みが》こう

数学の最も重要な要素として、**計算力をしっかりつけておく**ことが大切です。特に入試の最初のほうで出題される計算問題は正答率も高く、確実に得点したいところです。

計算するときには**「はかせの法則」**を意識するのがおすすめ。これはわたしが小学生の頃《ころ》に先生から教わった法則で、いまでも意識しています。

計算力アップ！「はかせの法則」

- **「は」……速く**
- **「か」……簡単に**
- **「せ」……正確に**

「速く」はスピーディーに計算できるようにするということ、「簡単に」は項《こう》をまとめるなどして工夫《くふう》して計算すること、「正確に」はミスなく計算できるようにするということです。

また、計算するときには**途中式《とちゅうしき》もしっかり書く**ように意識しましょう。無理に頭のなかで計算しようとするとミスをしてしまうこともあるし、途中式《とちゅうしき》を残しておけば、完答できなくてももしかしたら加点してもらえるかもしれないからです。

難問を見極《みきわ》める練習を

入試問題、特に私立高校の問題では、基本問題にまぎれてかなり難易度の高い問題が出てくることがあります。

もちろんこうした問題まですべて解ければ理想的ですが、それはなかなか難しいもの。本番では限られた時間でなるべく高い点数をとらなければならないので、**どれが難問なのかを見極《みきわ》めて、それ以外の問題から確実に得点していく**という力も必要です。過去問演習や模試での練習を通して、**難問を見極《みきわ》めるトレーニング**を積んでおきましょう。

国語の受験勉強法

【説明文・物語文】基礎《きそ》知識を身につけよう

説明文や物語文というと読解力をつけることに目が行きがちですが、その前に**しっかりとした基礎《きそ》知識を暗記しておく**ことが大切です。参考書や問題集を使って、漢字や四字熟語をマスターしたり語彙《ごい》を増やしたりしておくようにしましょう。

【説明文】文章の構造を理解しよう

説明文というのはひとことでいうと、**「筆者が自分の主張をあの手この手で説明している文章」**です。その主張を見つけて正確に理解するためには、**文章全体の構造を把握《はあく》する**ことが必要です。

構造を把握《はあく》するいちばんのコツは、**接続詞に注目する**ことです。接続詞は文と文をつなぐ言葉なので、文同士の関係性を知るヒントになってくれるのです。

接続詞の例

- **「だから」**……………前の内容が後ろの内容の理由になっている
- **「なぜなら」**…………後ろの内容が前の内容の理由になっている
- **「しかし」**……………前の内容と反対のことや対立することが後ろに書かれている
- **「また」「同時に」**……前の内容と後ろの内容を並列《へいれつ》している
- **「一方」**………………前の内容と後ろの内容を比較《ひかく》している
- **「つまり」**……………前の内容を言《い》い換《か》えている
- **「ちなみに」**…………前の内容に付け加える内容が後ろに書かれている

こうしたことをヒントに、文章全体の流れを追う練習を重ねましょう。

【物語文】人物の心情を理解しよう

物語文で最も大切なのは、**登場人物の心情やその変化を把握《はあく》する**ことです。

ただし、こうしたことは「悲しかった」「うれしかった」とストレートには書かれていないことがほとんどなので、次のようなところから読み取るようにしましょう。

登場人物の心情のヒント

- **人物のセリフ**
- **人物の行動**
- **情景描写《びょうしゃ》**

これらに注目して読む練習をすると、得点率もアップしていきます。

【古典】基礎《きそ》知識を身につけよう

古典もまずは基礎《きそ》知識を身につけることが大切です。具体的には、**古文単語・古典文法・歴史的仮名遣《かなづか》い**をおさえるようにしましょう。特殊《とくしゅ》な知識が問われることはほとんどないはずなので、基本的なことをくり返し確認《かくにん》しておけばＯＫです。

基礎《きそ》知識をチェックしたら受験対策用の問題集で実戦問題に当たるようにしましょう。知らない知識に出合ったら、その都度復習して身につけていくようにしてくださいね。

理科の受験勉強法

「覚える↓解く↓まとめる」の順で勉強しよう

理科の勉強ではなぜかすぐにまとめノートを作りたくなってしまう人がよくいるのですが、これは避《さ》けるようにしてください。まとめノートは暗記の方法として効果的ではあるのですが、なんでもかんでもまとめるのは時間がかかってしまい非効率です。

勉強の順番は、「覚える→解く→まとめる」のステップを必ず守るようにしましょう。まず知識や計算方法を覚える。そして覚えたことを使って問題を解く。それをくり返しても身につかないところや苦手なところだけ、ノートなどに抜《ぬ》き出《だ》してまとめる。という手順です。

知識系問題は工夫《くふう》して暗記しよう

理科の問題には、暗記した内容を答えるもの（ここでは**知識系問題**と呼びます）と、その場で計算したり考えたりして答えるもの（ここでは**計算系問題**と呼びます）の2種類があります。

知識系問題はとにかく覚えなければ解けないので、自分なりの方法で暗記するようにしましょう。用語の暗記には**一問一答**もおすすめです。何度も反復することで記憶《きおく》を定着させていきましょう。

計算系問題は公式を覚えて問題を解こう

計算系問題は、まず**公式や計算のやり方を暗記する**ことが必要です。そして暗記をしたら、それを使って**たくさんの問題に当たる**ようにしましょう。

間違《まちが》えてしまった問題は解き直し、何度か間違《まちが》えてしまう場合はBノートに書き写して入試までに解けるようにしておきます。

実験・観察は3点セットをおさえよう

理科では実験や観察を扱《あつか》う問題もよく出題されます。実験や観察では、次の3点セットを意識して覚えるようにしましょう。

実験・観察問題の3点セット

- **実験や観察の「内容」**
- **実験や観察の「結果」**
- **実験や観察の「考察」（結果からいえること）**

また、その実験や観察を行う際の**「注意点」もあわせて覚えておくと安心です。**

社会の受験勉強法

教科書を使《つか》い倒《たお》そう

高校入試の問題は、基本的には教科書の範囲《はんい》からしか出題されません（一部の難関校を除く）。特に社会は暗記要素が多く、受験勉強をするなかで解けなかった問題も、教科書を開けば答えを見つけることができます。

社会の受験勉強は、学校の教科書の内容をしっかり覚《おぼ》え込《こ》むという意識で進めていきましょう。 わからないことがあったら教科書に立《た》ち戻《もど》り、印をつけたり、ふせんを貼《は》ったりして自分用にカスタマイズしてみてくださいね。

用語をしっかり暗記しよう

社会で重要なのが用語の暗記です。用語を覚えるときは、

用語の暗記ポイント

①用語自体の暗記
②用語同士のつながりの暗記

の2段階を意識するようにしましょう。①で「織田信長《おだのぶなが》」「明智光秀《あけちみつひで》」「本能寺《ほんのうじ》の変」という用語を覚えたら、②で「戦国大名の織田信長《おだのぶなが》は本能寺の変で明智光秀《あけちみつひで》に倒《たお》された」と覚える、というイメージです。

「印象づけ」を意識しよう

暗記全般《ぜんぱん》に使えるコツとして、**「印象づけ」**があります。これは社会では特に重要です。

物事は強い印象がつくと覚えやすくなります。たとえば大人数のアイドルグループでも、思わずくすっと笑ってしまうようなおもしろいキャッチコピーで自己紹介《しょうかい》をしたメンバーがいたら、その人の顔と名前は早く覚えられますよね。これは、「おもしろい自己紹介《しょうかい》をするメンバー」という印象が残るからです。

社会は歴史・公民・地理の3分野に大きく分かれますが、それぞれこんなふうにして印象づけを行うといいでしょう。

ラククラ暗記！「印象づけ」ポイント

- **歴史**……用語や年号に「ストーリー」をつけたり、変な語呂《ごろ》をつけたりする
- **地理**……地図などのビジュアルや豆知識とともに覚える

・公民……日常生活と結びつける

こうした印象づけを効果的に行うために、授業中の先生の話をしっかり聴《き》いたり、普段《ふだん》からニュースや読書で知ったこととの関連を考えたりするクセをつけておいてくださいね。

出題されやすい分野を重点的に勉強しよう

過去問を分析《ぶんせき》したり調べたりすると、**頻出《ひんしゅつ》の分野や問題がある**ことがわかると思います。「グラフから読み解く問題が多い」「毎年のように年表が出題されている」といったことがわかったら、その分野は重点的に対策をするようにしましょう。

こうした頻出《ひんしゅつ》分野は、塾《じゅく》に通っている場合は塾《じゅく》で教えてもらえることが多いと思いますが、独学で勉強する場合は自分で調べたり先生に聞いたりして情報を集めていきましょう。

コラム2

ABCノート勉強法を実践《じっせん》している人も、Cノートをこのサイズで作ると持ち歩きが簡単になるよ

\ スキマ勉強がはかどる /

暗記ノートの作り方

126ページではわたしが高校受験生時代に実践《じっせん》していた「ABCノート勉強法」をご紹介《しょうかい》しました。この勉強法はとても丁寧《ていねい》に復習を重ねられるのでぜひマネしてほしいのですが、なかには「時間がなくて、ここまでじっくりできないかも……」という人もいると思います。そんな人におすすめなのが「暗記ノート」を作ること。Bノートと Cノートのハイブリッド版のようなイメージで、覚えたいことをミニクイズ形式で一冊のノートにまとめます。

暗記ノートの作り方

① 暗記したいことを簡潔にまとめる。覚えたいキーワードはオレンジか薄《うす》めのピンクのペンで書き、(　)でくくる

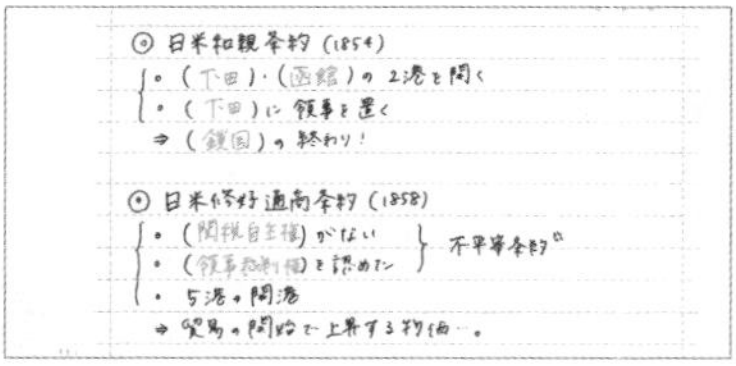

リフィル 横罫線

② バインダーに綴《と》じる

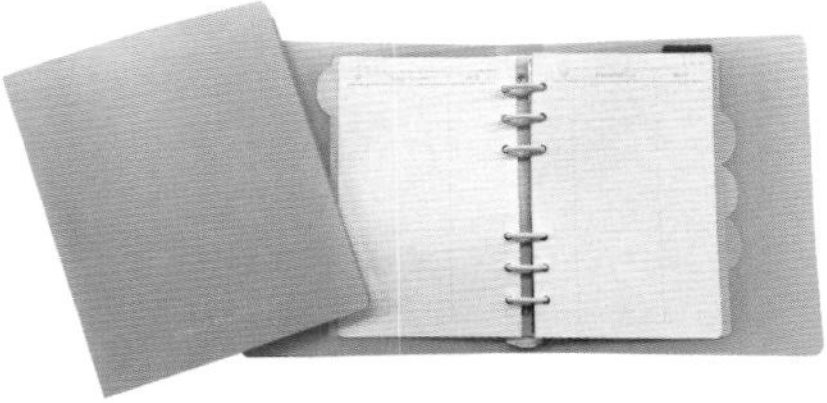

バインダー B6
みおりん　Study Time（全4色）
サンスター文具株式会社

③ 普段《ふだん》のスキマ時間やテスト勉強期間に赤シートで隠《かく》して覚える

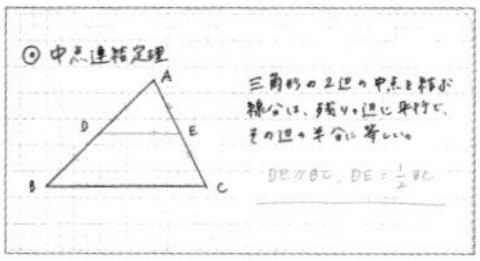

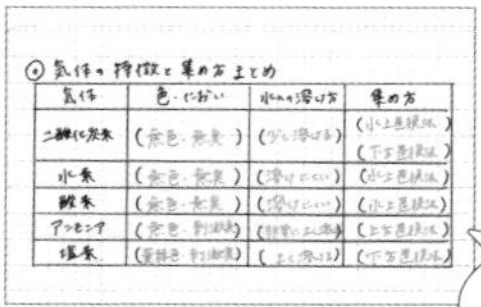

リフィル 方眼

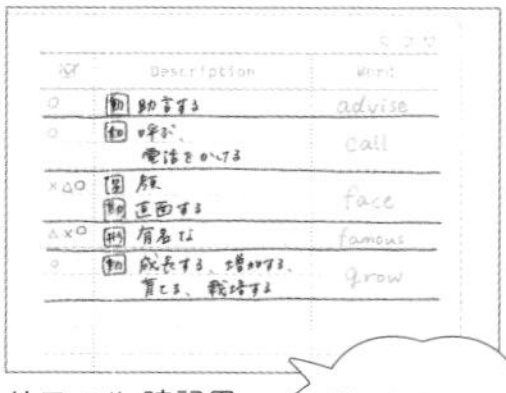

リフィル 暗記用

単語や用語はまとめて暗記しよう!

図や表を描《か》くとビジュアル的に覚えやすい!

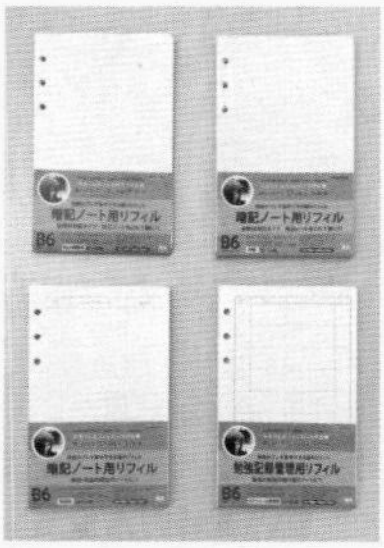

リフィル
みおりん　Study Time
（横罫線・方眼・暗記用・
スケジュール管理用）
サンスター文具株式会社

第5章

計画的に成績を上げる！

入試当日までの時期別勉強法

何カ月という長期戦で対策をしなければいけない高校受験。「いつまでになにをするべきか」というおおまかな地図がわかっていると安心ですよね。

この章では、中3の1学期までにやるべきことから入試当日にやるべきことまで、時期別の勉強法や過ごし方を解説します。

中3の1学期までにやるべきこと

「3年生0学期」と呼ばれる2年生の3学期や、3年生の1学期は、まだ受験生としての実感をもちづらい時期。ですが、この時期をどう過ごすかでこの先の受験勉強の充実度《じゅうじつど》が変わってきます。次のようなことを意識するようにしましょう。

勉強習慣を身につける

勉強をすることに慣れていないと、いざ受験勉強が本格化したときに集中力・気力や体力がもたなくなってしまいます。そうならないために早め早めにやっておきたいのが、**勉強の習慣づけ**です。

帰ったら学校の宿題には必ず取り組み、毎日勉強するクセをつけておきましょう。学校の宿題＋30分～1時間程度の受験勉強ができると理想的です。

中1～2の範囲《はんい》の復習をする

中3の1学期までに、**中1～2で勉強したことの復習**をしておきます。

特に**英語や数学といった積み上げ科目は中2までに習ったことが理解できないと中3の内容もわからなくなってしまう**ので、重点的におさらいするようにしましょう。

英語・数学・国語に重点を置いて勉強する

積み上げ科目の英語・数学、地道なトレーニングがものを言う国語は中3の春夏までにある程度仕上げておきたいところです。

英語は**単語と文法**、数学は**基本的な問題**、国語は**漢字や語彙《ごい》**、**古文単語や歴史的仮名遣《かなづか》い**を特にしっかり固めるようにしましょう。

定期テストは全力で！

「学校の定期テストの勉強と受験勉強との両立に悩《なや》みます」というご相談をときどきいただきます。

ですが、序章でもお伝えしたとおり、高校入試は「範囲《はんい》の広い定期テスト」です。**入試は本来定期テストの延長にあるものなので、定期テストの勉強をしっかりしていれば受験の対策にもなります。**

また、日々のテストに対して計画的に勉強をしようと努力したり、振《ふ》り返《かえ》りや反省を重ねたりすることで、受験勉強に必要な計画力や分析力《ぶんせきりょく》、効率を考える力といった「試験勉強力」が身につきます。この力は高校受験だけでなく、高校の定期テストや大学受験でも役立つので、ぜひ普段《ふだん》のテスト勉強には全力で取り組んでみてください。

高校の情報収集を始める

高校についての情報も集めはじめましょう。情報収集は早めにしておいて損はありません。情報収集の方法は54ページを参考にしてください。

保護者の方とも相談しながら、高校のパンフレットを取り寄せたり、学校説明会に参加したりしてみてくださいね。

中3の夏休みにやるべきこと

夏休みはまとまった時間がとれる貴重な機会。「夏は受験の天王山《てんのうざん》」などともいわれます。しっかりと気合いを入れて進めていきましょう！

苦手の克服《こくふく》に努める

夏休みに意識してほしいのが、**苦手を克服《こくふく》できるようにする**ということです。これまでに勉強してきたなかで、なにかしら苦手意識のある教科や分野・単元があると思います。そうした苦手＝自分の穴を、時間のとれる夏休みのうちになるべく埋《う》めてみてください。

苦手な教科や分野はまずインプットを見直すことが大切。教科書や読みやすい参考書を読んでみて、**知識の確認《かくにん》**をします。

それができたら、次は**基礎《きそ》レベルの問題**を解いてみます。間違《まちが》えてしまったらまた教科書や参考書を読み返して確認《かくにん》してください。**これをくり返し、基礎《きそ》を身につけることが夏休みの目標です。**

自分だけではなかなか苦手の克服《こくふく》ができないという場合は、単発で塾《じゅく》の夏期講習に参加してみたり、期間限定で家庭教師や個別指導サービスなどを利用してみるのも手です。

理科・社会の勉強に本腰《ほんごし》を入れる

このあたりから理科・社会の勉強にも力を入れていきましょう。分野や単元別におおまかな勉強計画を作っておけるといいですね。

併行《へいこう》して、英語・数学・国語も引き続き少しずつ積み重ねていきましょう。

基本問題を解けるようにする

この時期に難しい問題をばんばん解けるようになっている必要はありません。焦《あせ》らず、**基本的な問題**に確実に対応できるように練習していきましょう。

学校の課題や宿題は早めに終わらせる

学校で出される夏休みの宿題はなるべく早い段階で終わらせ、受験勉強の時間をしっかりとれるように心がけましょう。

宿題が発表されたら早めに夏休みの勉強計画を練れるといいですね。

長時間の勉強ができる体力と気力をつける

受験の直前期は毎日長い時間勉強することになります。

長時間の勉強では体力や気力、集中力が必要になります。夏休みのうちに徐々《じょじょ》に長時間の勉強に慣れ、こうした力を養っておきましょう。

体験入学に参加する

この時期に**体験入学（オープンスクール）**を行う高校も多いと思います。学校の雰囲気《ふんいき》を知るにはやはり実際に中に入ってみるのがいちばんなので、少しでも気になるところはぜひ積極的に見に行ってみましょう。

中3の2学期にやるべきこと

2学期は多くの受験生が部活を引退し、勉強に専念できるようになる時期。これまで部活に使っていた時間を勉強に充《あ》てることで、日々の勉強量を確保していきたいですね。

吹奏楽部《すいそうがくぶ》など引退の遅《おそ》い部活に所属している人も必要以上に焦《あせ》らず、スキマ時間を上手に使いながら地道に進めていきましょう。

理科・社会は比重高めに、英語・数学にもなるべく毎日ふれる

夏休みに本腰《ほんごし》を入れはじめた理科・社会の比重は高めにキープしていきましょう。

しばらく空くと勘《かん》が鈍《にぶ》りやすい英語・数学は、毎日少しでもいいのでふれるように心がけます。国語も2〜3日に1回は取り組みたいところです。

応用問題にも取り組む

この時期からは基本問題だけでなく、**応用問題**も解けるようになっていきましょう。特に、得意な教科や分野はどんどん進めてしまってOKです。

「基本問題は解けるのに、応用問題になるとつまずいてしまう……」というときは、その原因を考えてみるようにしましょう。たとえば、基本問題では覚えた公式をそのまま使えば解けたのに対して、応用問題はどの公式を使えばいいのかがわからなくて解けないのかもしれません。

この場合、公式を覚えるというところまではできているけれど、使える公式を見極《みきわ》めることができていないということですよね。なるべくたくさんの問題を解くことで場数を踏《ふ》んでその勘《かん》を養ったり、どうしても見極《みきわ》め力がつかないというときには学校の先生に相談したりするのもおすすめです。

苦手な教科や分野は基礎《きそ》固《がた》めをつづける

応用問題にチャレンジしようとお話ししましたが、苦手な教科や分野についてはまだ焦《あせ》って応用に取り組む必要はありません。何度かお伝えしているとおり、基礎《きそ》ができていない状態で応用に手を出すと、結局なにも身につかずに結果的に遠回りになってしまいます。

苦手だと感じる教科や分野は、この時期でもまだ基礎《きそ》固《がた》めに徹《てっ》しましょう。冬休みに入る前までに、教科書の例題や基本問題が解けるようになるのが目標です。

第5章

計画的に成績を上げる！

入試当日までの時期別勉強法

中3の冬休み〜受験直前期にやるべきこと

12月には受験校も最終決定し、冬休みに入るといよいよ受験直前という感じがして緊《きん》張《ちょう》してきますよね。でも、やるべきことを地道に積み重ねれば大丈夫《だいじょうぶ》です。

過去問演習を中心に行う

この時期は**過去問演習に時間を割《さ》く**ようにしましょう。当然ですが、過去問は実際の試験に最も近い（というか、実際に出題された）良質な問題集です。第3章でご紹介《しょうかい》した方法を参考に、時間を計ってしっかり取り組みましょう。

過去問を解いたら、**間違《まちが》えてしまったところやあいまいだった知識を徹底的《てっていてき》に復習する**のも忘れずに。冬休みは基本的に丸一日時間がとれるはずなので、「当日と同じ日程で過去問を1年分解き、答え合わせをする日」↕「過去問で間違《まちが》えたところを徹底的《てっていてき》に復習する日」と毎日交互《こうご》に行っていくのもおすすめです。

最後の苦手克服《こくふく》タイムに充《あ》てる

直前期、特に**冬休みは最後の苦手克服《こくふく》チャンス**だと思って復習をがんばりましょう。

ABCノート勉強法を実践《じっせん》している人は、

- **Bノートを何度も解き直す**
- **Cノートを何度も読み返す**

これだけで自分の穴がしっかり埋《う》まり、苦手を克服《こくふく》することができるはずです。

また、自分だけではどうしても克服《こくふく》しきれないと感じる場合には、家庭教師や個別指導サービスなどを単発で利用するのもおすすめ。勉強リズムを作りたいという人は、冬期講習に参加して気合いを入れるのもいいでしょう。

受験会場の下見をする

試験当日に道に迷ったり電車を間違《まちが》えたりしないよう、一度でいいので受験会場の下見をしに行ってみましょう。**当日と同じ交通手段で、試験会場までのルートを確認《かくにん》します。**できれば当日と同じくらいの時間がベストですが、難しければそうでなくてもかまいません。保護者の方や友だちと一緒《いっしょ》に行くのもいいでしょう。

途中《とちゅう》のお手洗いの場所やコンビニなどを確認《かくにん》しておくと、当日なにかあったときにも安心です。

願書を作成する

年末年始など時間のあるときに願書の作成をしておきましょう。願書の提出期限は学校によって異なるので、早いうちから保護者の方と一緒《いっしょ》に確認《かくにん》しておいてくださいね。

受験直前期までに やるべきことリスト

中3の1学期までにやるべきこと

- □ 勉強習慣を身につける
- □ 中1～2の範囲《はんい》の復習をする
- □ 英語・数学・国語に重点を置いて勉強する
- □ 定期テストは全力で！
- □ 高校の情報収集を始める

中3の夏休みにやるべきこと

- □ 苦手の克服《こくふく》に努める
- □ 理科・社会の勉強に本腰《ほんごし》を入れる
- □ 基本問題を解けるようにする
- □ 学校の課題や宿題は早めに終わらせる
- □ 長時間の勉強ができる体力と気力をつける
- □ 体験入学に参加する

中3の2学期にやるべきこと

- □ 理科・社会は比重高めに、英語・数学にもなるべく毎日ふれる
- □ 応用問題にも取り組む
- □ 苦手な教科や分野は基礎固《きそがた》めをつづける

中3の冬休み～受験直前期にやるべきこと

- □ 過去問演習を中心に行う
- □ 最後の苦手克服《こくふく》タイムに充《あ》てる
- □ 受験会場の下見をする
- □ 願書を作成する

入試の前日・当日にやるべきこと

前日や当日はそわそわしてなにも手につかなくなってしまったり、緊張《きんちょう》で体調が悪くなったりしがちですが、やらなければいけないことがわかっていれば安心です。次のようなことを心がけてみてください。

入試の前日にやるべきこと

当日の持ち物と服装をチェックする

持ち物を確認《かくにん》し、忘れ物のないように**前日までにすべての荷物をそろえておきます。**おすすめの持ち物はこのあとご紹介《しょうかい》しますね。

また、試験当日は冷《ひ》え込《こ》むことも考えられます。前日のうちに天気予報を確認《かくにん》し、当日の服装（制服の場合が多いと思いますが、その場合でも上着やマフラーなど）を決めておきましょう。

新しい問題ではなく、これまで解いた問題を見直す

前日に初めて見るような問題を解くのはNGです。もし解けなかったときにパニックになってしまうかもしれないし、たった1日では翌日の試験で応用できるほどの力がつくかどうかは怪《あや》しいからです。

前日はこれまでに解いたことのある問題を解き直したり、自分の苦手をまとめたノートを読み返したりすることに徹《てっ》しましょう。ABCノート勉強法を実践《じっせん》している人は、**Cノートの読み返し**を第一優先として、余裕《よゆう》があればBノートを解き直すようにしてください。

いままで使ったノートやテキストの写真を撮《と》る

日々の勉強で使ってきたノートや教科書、参考書、プリントをスマートフォンなどで写真撮影《さつえい》しましょう。

この写真を当日の試験直前に見返せば、「自分はこんなにがんばったんだ。だからきっと大丈夫《だいじょうぶ》！」と気持ちを励《はげ》ますことができます。

お腹《なか》に優《やさ》しいものを食べる

お腹《なか》を壊《こわ》すことを防ぐため、前日は冷たいものや生ものなどは避《さ》け、**お腹《なか》に優《やさ》しいものやあたたかいもの**を摂《と》るようにしましょう。

翌日のタイムスケジュールを書いておく

試験当日のタイムスケジュールを紙に書き出しておきます。起床《きしょう》時刻、出発時刻、乗る電車やバスの時刻、会場への到着時刻などをしっかりと決めておきましょう。

頭のなかだけで考えるのではなく、見える化することで整理され、安心感を得ることもできます。保護者の方とも確認《かくにん》し、予定どおりの行動ができるように協力してもらいましょう。

いつもより少し早めに布団《ふとん》に入る

前日は緊張《きんちょう》してなかなか寝《ね》つけない場合も多いので、いつもより少し早めにお布団《ふとん》に入りましょう。でも、もしもすぐに眠《ねむ》れなくても焦《あせ》らなくて大丈夫《だいじょうぶ》。ちょっと睡眠《すいみん》不足になったぐらいで頭がなにも働かなくなるということはないし、横になっているだけでも身体は休まっています。

入試の当日にやるべきこと

お手洗いの場所をチェックしておく

会場に着いたらまず**お手洗いの場所**を確認《かくにん》しておきましょう。

試験中にお手洗いに行きたくなってしまうと焦《あせ》るので、普段《ふだん》お手洗いが遠い人でもこまめに行っておくことをおすすめします。

試験前までにペンなどを再確認《さいかくにん》する

各教科の試験が始まる前までに、使うペンや消しゴムを再度チェックします。

シャーペンは落としてしまったときのために2本並べ、中の芯《しん》が短くなっていないか確《かく》認《にん》しておきましょう。ちなみにわたしは試験の合間の休み時間のたびに、消しゴムを真っ白な状態に戻《もど》しておくのがルーティンでした。

試験官の合図と同時に腕時計《うでどけい》をONにする

当日は**正確に時間を計れる腕時計《うでどけい》**を持っていきましょう。

試験時間のカウントは、試験官の時計に合わせて行われることがあります。わたしは試験官の時計と自分の時計がぴったり合うよう、腕時計《うでどけい》の針を試験開始時刻に合わせて止めておいてから、試験開始の合図と同時にONにするようにしていました。

休憩《きゅうけい》時間は軽く糖分補給をする

試験では糖分をたくさん使います。休み時間にはちょっとしたチョコレートやブドウ糖の飴《あめ》、ラムネなど、軽く糖分補給ができるものをつまむのがおすすめです。

休憩中《きゅうけいちゅう》、気になる周りの声はイヤフォンでシャットアウトする

休み時間にはいろいろな声が聞こえてきて気になってしまうことも。特に「あの問題の答えって〇〇だよね？」などと確認《かくにん》し合っている声を聞くと、自分の答えと違《ちが》っていた場合焦《あせ》ってしまいますよね。

周りの声が気になる人は、**休憩中《きゅうけいちゅう》はイヤフォンで音楽を聴《き》くなどしてシャットアウトするようにしましょう。**普段《ふだん》から聴《き》いているお気に入りの曲や、強気になれるアクティブな曲がおすすめですよ。

入試の前日・当日に
やるべきことリスト

入試の前日にやるべきこと

- □当日の持ち物と服装をチェックする
- □新しい問題ではなく、これまで解いた問題を見直す
- □いままで使ったノートやテキストの写真を撮《と》る
- □お腹《なか》に優《やさ》しいものを食べる
- □翌日のタイムスケジュールを書いておく
- □いつもより少し早めに布団《ふとん》に入る

入試の当日にやるべきこと

- □お手洗いの場所をチェックしておく
- □試験前までにペンなどを再確認《さいかくにん》する
- □試験官の合図と同時に腕時計《うでどけい》を ON にする
- □休憩《きゅうけい》時間は軽く糖分補給をする
- □休憩中《きゅうけいちゅう》、
気になる周りの声はイヤフォンでシャットアウトする

当日の持ち物リスト

絶対忘れないで！　全員必須《ひっす》の持ち物リスト

まず、左ページのリストのような基本的な持ち物は必ずチェックしておきましょう。

ほかにも受験校によっては指定の持ち物がある可能性もあるので、各自で必ず確認《かくにん》しておいてくださいね。

ここからは必須《ひっす》の持ち物に加えて、受験を４回（中学受験・高校受験・現役の大学受験・浪人《ろうにん》の大学受験）経験してきた**みおりんのおすすめ持ち物リスト**をご紹介《しょうかい》します。

全員必須《ひっす》の持ち物リスト

- □ 受験票
- □ 学生証・生徒手帳

受験票を忘れてしまった場合の身分証明に

- □ シャーペンまたは鉛筆《えんぴつ》

受験校のルールを事前に確認《かくにん》しましょう。「HBの鉛筆《えんぴつ》」などと指定がある場合も

- □ シャーペンの芯《しん》
- □ 消しゴム
- □ コンパス・定規
- □ 腕時計《うでどけい》

1分単位の読み取りがしやすく、秒針のあるもの

- □ 現金
- □ お弁当と飲み物
- □ 上履《うわば》き（必要な場合）
- □ スマートフォン

おすすめ持ち物リスト

勉強道具編

□勝負ペン

いちばん書きやすいお気に入りのペン、模試や定期テストのたびに使ってきた縁起《えんぎ》のいいペンなど

□文字なしケース入りの消しゴム

消しゴムのケースに文字が入っていると外さなければいけないことも。はじめから無地のケースの消しゴムを選ぶと安心

□Cノート

何度も復習したことのある自分の苦手が載《の》っているので、安心して確認《かくにん》することができる

□クリアファイル

受験票や問題用紙を折り曲げずに保管できるように

おすすめ持ち物リスト

寒さ対策・衛生用品編

□使い捨てカイロ

背中とお腹《なか》にカイロを貼《は》るとほかほか♪ 靴用《くつよう》カイロもおすすめ

□膝掛《ひざか》けブランケット

試験中に使えるよう、文字の入っていないものを選ぶ

□常備薬

必要に応じ、いつも飲んでいる頭痛薬や胃腸薬などを準備

□目薬

目がかゆくなってしまったときのために

□マスク

コロナ禍《か》でなくても、風邪《かぜ》予防のためにはつけておきたいところ

□水に流せるポケットティッシュ

トイレットペーパーがないなどのトラブルに見舞《みま》われても安心

おすすめ持ち物リスト

モチベーション・集中力アップ編

□お守り

学業成就《じょうじゅ》のお守りや、友だちや家族からの寄せ書きもお守り代わりになる

□勉強したノートやテキストの写真

スマホで見返して自分の努力に自信をもとう！

□イヤフォン

周りの声が気になってしまうときのために

□ヘアピン・ヘアゴム

試験中に気になってしまう人は、前髪《まえがみ》を留めたり髪《かみ》を結んだりしよう

□お菓子《かし》

休憩中《きゅうけいちゅう》の軽い糖分補給に

第6章

心が楽になる!

受験期の不安や悩《なや》みとの付き合い方

受験勉強は不安や様々な悩《なや》みとの戦いでもあります。周りからのプレッシャーを感じてしんどくなってしまうこともあるでしょう。

この章では、受験期に不安や自己嫌悪《けんお》に陥《おちい》ってしまったときの対処法や考え方のコツをご紹介《しょうかい》します。

不安を減らすコツ

み〜んな不安だということを知る

受験が近づいてくると、「このままで受かるのかな」とどんどん不安が大きくなってくるもの。「あの子は成績がいいから余裕《よゆう》なんだろうな」など、周りの子をうらやむ気持ちが出てきてしまう人もいるかもしれません。

そんな人にまず知っておいてほしいのが、**「受験はみ〜んな不安」だということ**です。

大学受験のときのお話ですが、わたしは高校3年生のときには成績がよくなく、「落ちてしまったらどうしよう。成績のいい子たちはこんな不安感じてないんだろうな、いいなぁ」と思っていました。

ですが翌年、余裕《よゆう》で合格できそうな成績をとりつづけていた浪人生《ろうにんせい》のときにも、まったく同じ不安を抱《いだ》いたんです。「落ちてしまったらどうしよう」と、毎日考えていました。

受験が不安なのは、成績のいい人もよくない人も、み〜んな同じです。「自分ばかり不安で、周りは余裕《よゆう》そうだな」なんて思う必要はありません。

まずは**「受験前は誰《だれ》だって不安になるものなんだからしょうがない!」**と受け入れて、一度深呼吸してみましょう。

ここからは、不安を減らす3つのコツを紹介《しょうかい》するよ♪

不安を要素分解し、対策を考える

不安を減らす1つめのコツは、**「要素分解する」**ということです。

みなさんがいま抱《かか》えているものの多くは、「なんか不安」「なんだか試験当日が怖《こわ》い」という**漠然《ばくぜん》とした不安**ではないでしょうか。

でも、漠然《ばくぜん》とした不安というのはいちばんの困りものです。漠然《ばくぜん》としているがゆえに、解決するための対策を立てづらいからです。

そこでやってほしいのが、**いまの不安をいくつかの要素に分解する**ということ。たとえば大学受験期のわたしの場合、「受験がなんだか不安……」という気持ちを分解すると、次の3つの要素が出てきました。

①勉強が間に合わないのではないか？という不安
②当日体調を崩《くず》してしまうのではないか？という不安
③緊張《きんちょう》で実力を発揮できないのではないか？という不安

このように具体的な要素に分解することができると、それぞれについて「じゃあこうし

よう」と対策を考えることができます。この例だと、たとえば次のような対策が考えられますよね。

①勉強が間に合わないのではないか？という不安
↓勉強計画を見直し、優先順位をつけて勉強する
②当日体調を崩《くず》してしまうのではないか？という不安
↓体調管理と当日の体調シミュレーション（「試験会場ではまずお手洗いの場所の確認《かくにん》を行う」「体調を崩《くず》したらこの薬を飲む」など決めておく）を行う
③緊張《きんちょう》で実力を発揮できないのではないか？という不安
↓当日の試験シミュレーションを行い、緊張《きんちょう》しないように工夫《くふう》する

具体的な対策が考えられれば、あとはそれを実行するだけ！　漠然《ばくぜん》とした不安を抱《かか》えて悶々《もんもん》としていたときより、はるかに心が軽くなるはずです。

時間を決めて現実逃避《とうひ》をする

受験前ってどうしても、受験や勉強のことで頭がいっぱいになってしまいますよね。そんなときは、**「現実逃避《とうひ》」**をしてみるのもおすすめです。

たとえば、いまの生活とはまったく異なる世界を舞台《ぶたい》にした映画を観《み》たり、心がスカッとする小説やマンガを読んだり。海や山など、自然が感じられるところでぼーっとするのもいいと思います。

重たい現実と24時間向き合っていたら、誰《だれ》だって心が疲《つか》れてしまいます。ときには普段《ふだん》と違《ちが》う世界に逃《に》げ込《こ》んでみましょう。

ただし、それをずっとつづけてしまうと入試の日がやってきてしまうので、現実逃避《とうひ》をするときには**時間を区切る**ことも大切。「1本だけ映画を観《み》たら15時から勉強する」「30分だけマンガを読んだら勉強を始める」といったように、**現実逃避《とうひ》前に自分との約束を決め**

ておきましょう。

勉強の不安は勉強することでしか軽減できない

勉強の不安を減らすもう1つのコツは、**「勉強する」**ということです。

「勉強が不安なのに勉強するの？」と思う人もいるかもしれません。ですが、**いまの不安が「勉強をできていないこと」によるものなら、それは勉強することでしか減らすことができません。**

「不安になる↓勉強が手につかなくなる↓勉強をしていないことで不安になる↓勉強が手につかなくなる」というマイナスのループにハマってしまうと、精神的にもしんどくなってしまいます（経験者は語る！（笑））。つらくても、ほんの少しでいいから勉強をがんばってみてください。

親や先生からのプレッシャーがつらいときのコツ

親や先生から「勉強しなさい」と言われたり、期待している空気を強く出されたりしてしまうと、プレッシャーを感じてつらくなってしまうことがありますよね。そんなときにはどうしたらいいのでしょうか。

できればやってほしいのが、**「してほしいこと、してほしくないことを一度しっかり伝えてみる」**ということです。親御《おやご》さんも先生も、あなたを追いつめようと思っているわけでは決してありません。むしろ、あなたが目標を叶《かな》えられるよう、幸せになれるよう願うあまり、言葉や態度にその気持ちがにじみすぎてしまうだけです。

「応援《おうえん》してくれる気持ちはうれしいけれど、毎日勉強の進み具合を聞かれると少しつらくなってしまうから、しばらくそっと見守っていてもらえないかな?」など、いまの気持ちを率直《そっちょく》に伝えてみてください。親御《おやご》さんや先生も、「よかれと思っていろいろ言ってしまっていたけど、こういうふうにしたほうがよかったんだ」と気づくことができ、いまのあなたにとってベストなサポートの仕方を理解できるようになります。

もしこのような話し合いが少し難しい……という場合は、友だちに相談したり、関係ないところで愚痴《ぐち》を吐《は》き出《だ》したりしてみましょう。つらい気持ちを言葉にしたり、それを誰《だれ》かに聞いてもらったりすることで、なにもしないよりはずっと楽になるはずです。

思うように勉強できず自己嫌悪《けんお》になってしまうときのコツ

「本当はこれくらい勉強しなければいけないのに、自分はこれしかできていない」と自分を責めてしまう人も多いのではないでしょうか。自己嫌悪《けんお》に陥《おちい》ってしまい、さらに勉強が手につかなくなるというご相談もよくいただきます。

そういう人にまず知っていてほしいのが、**「勉強をやろうと思っているだけで、あなたはえらい」**ということです。

勉強をしなくたって生きていくことはできるのに、それをちゃんとがんばろうとしているんです。すごいことです。その気持ちだけで自分を誇《ほこ》っていいんです。

そして、**あなたが勉強をがんばることで喜ぶ人はいますが、あなたが勉強をしないことで不幸になったり、傷ついたりする人は誰《だれ》もいません。**

だから気楽な気持ちで大丈夫《だいじょうぶ》。勉強をがんばれたらえらいけど、がんばれなくても誰《だれ》かに迷惑《めいわく》をかけているわけではありません。**「がんばろうとしている自分、えらすぎじゃない!?」**と思えばいいんです。

ここで、わたしが昔から実践《じっせん》している、**ちょっとごきげんに勉強できる3つの口ぐせ**をご紹介《しょうかい》します。

「わたし天才！」

問題が解けたときや、計画どおり勉強ができたとき、わたしは自分に「天才！」と声をかけています（笑）

本当に天才かどうかとか、本気で自分を天才と思っているかどうかは関係なく、「すごいじゃん、最高だね！」ということを自分に言ってあげることが大切なんです。自分で自分を図に乗らせると、ちょっといい気分で勉強をすることができます。

「わーいわーい！」

これは勉強に限らずもともとわたしの口ぐせなのですが（笑）、ちょっとしたことでも**「わーいわーい！」**と口に出して喜びます。

すると、たいしたことでなくてもなんだかすごく素敵《すてき》なことのような感じがしてくるんです。課題が終わったら「わーいわーい！」、新しいシャーペンを買ったら「わーいわーい！」、問題が解けたら「わーいわーい！」です。くだらないかもしれませんが、これだけで結構ごきげんに勉強ができます。

さあみなさんご一緒《いっしょ》に、わーいわーい！（笑）

「がーん！　やっちまったー！」

逆にうまくいかないときや問題が解けないときには、**「がーん！　やっちまったー！」**

と言っています。

思うようにいかないとき、黙《だま》って落《お》ち込《こ》んだり、「どうせ自分なんかダメだ……」などと口にしてしまったりすると、「ダメだ」という気持ちがどんどん大きくなって立ちゆかなくなってしまいます。

そんなとき、一度軽いノリで「またやっちまったぜ~えへへ!」と笑い飛ばすと、そんなにたいしたことじゃないんだと思うことができます(そして、ちょっと問題が解けないくらい、本当に実際たいしたことじゃないんです。解けるまで何回かがんばればいいだけですから)。

ぜひこうした口ぐせを取り入れて、自分を励《はげ》ましながら勉強してみてくださいね。

やる気や集中力がつづかないときのコツ

「受験前なのに、なかなかやる気や集中力がつづかない……」ということってありますよね。受験前はいろいろな不安があって、かえって集中しづらくなってしまう人が多いのではないかと思います。

そんなときに試《ため》せる方法をいくつかご紹介《しょうかい》します。

自分キャンペーンをやってみる

やる気が出ないときにわたしがよくやっているのは、**「自分キャンペーン」**という方法です。

これは**あらかじめ短い期間を決め、その期間に集中的に勉強をがんばる**というもの。そして「1時間勉強したら1ポイント」などと決めておき、お手製のポイントカードやスタンプ帳にポイントを貯《た》めていきます。「30ポイント貯《た》まったら大好きなお菓子《かし》を食べる」というように、**ポイント数に応じてごほうびを決めておく**とさらにやる気が上がります。

きれいな瓶《びん》にビー玉やビーズを貯《た》めていく「ビー玉（ビーズ）貯金」の方法でやってもOK。がんばりが見える化されるので、「結構やってるじゃん、わたし」と自分を褒《ほ》めてあげることができるようになります。

短時間に区切って勉強する

シンプルな方法ですが、集中力がつづかないときには**短時間に区切って勉強する**というのもおすすめです。

「いまから2時間ぶっ通しで勉強する！」となると、なかなか覚悟《かくご》がいりますし、集中力もつづかないですよね。でも、「10分だけ」「20分だけ」ならどうでしょうか。それくらいならがんばれるかも！という気持ちになりますよね。

わたしは本当に集中力がないので、20分程度をひと区切りとして、やることをどんどん変えていました。さっきまで英単語をやっていたのに、直後には数学の問題を解いている……というような感じです。でも、このようにどんどん**「味変《あじへん》」**をすると飽《あ》きづらく、結果的にいろいろな勉強を進めることができました。

勉強場所を変えてみる

物理的に場所を変えるというのも効果的です。

ずっと同じ机の前で集中しろといわれてもなかなか難しいもの。景色は変わらないし、勉強は大変だし、受験は不安だしで息が詰《つ》まってしまいますよね。

わたしは気分転換《てんかん》も兼《か》ねて、ときどき近くのカフェに行って勉強するようにしていまし

た。高校受験生時代は、お小遣《こづか》いを貯《た》めてサンマルクカフェに行き、ホワイトチョコクロとクラムチャウダーを食べながら勉強するのが最大のぜいたくでした（笑）

ほかにも図書館や自習室など、勉強できる場所はいろいろあります。外出に抵抗《ていこう》がある場合は、家の中でもリビングやお風呂《ふろ》、廊下《ろうか》などいろいろな勉強場所を試《ため》してみましょう。

やる気を上げるコツや集中するためのポイントは『中学生のおうち勉強法入門』でも詳《くわ》しくお話ししているので、よかったら参考にしてみてね。

コラム3

＼ 気分ほっこり ／

勉強中におすすめの飲み物

わたしはごきげんに勉強するため、常にお気に入りの飲み物を手もとに用意して勉強するようにしています。受験生の「勉強のお供」におすすめの飲み物をご紹介《しょうかい》します！

コーヒー

王道ですが、コーヒーには含《ふく》まれていて眠気覚《ねむけざ》ましにおすすめ。ちなみにわたしは深煎《ふかい》りのブラックコーヒーが昔からお気に入りです。

紅茶

紅茶にもカフェインが含《ふく》まれていて眠《ねむ》気覚《けざ》ましの効果が期待できます。ハーブティーなどは香りもよくて心が癒《いや》されますよね。

緑茶・ほうじ茶

緑茶やほうじ茶もほっとできるおすすめドリンク。コーヒーや紅茶に比べてカフェインが少ないので、寝《ね》る前の勉強中にも比較《ひかく》的《てき》飲みやすいですよね。

炭酸水

しゅわしゅわとした刺激《しげき》で眠気《ねむけ》が覚める炭酸水。無糖のものならカロリーも気にしなくていいので安心です。凍《こお》らせたレモンを入れるのもおすすめ。

ココア

ココアは集中力アップやストレス緩和《かんわ》効果があるといわれています。甘《あま》いココアはたくさん使った脳への糖分補給にもなりますね♪

梅白湯

梅干し入りの白湯です。これが意外とおいしい！　便秘や冷え性の改善効果が期待でき、低カロリーでお腹にもたまるので夜の勉強にもおすすめ。

第7章

保護者の方へ

受験期のお子さんとの向き合い方

受験生はナーバスになりがちなもの。でもその保護者の方々も、お子さんにどのように声をかけてあげたらいいのかと悩《なや》んでしまいますよね。

最後のこの章では、受験生のお子さんにしてあげてほしいこと、できれば控《ひか》えていただきたいことをご紹介《しょうかい》します。

受験生にとって保護者の存在は絶大！

多くの中学生にとって、高校受験は人生初めての入学試験。毎日不安やプレッシャーに押《お》しつぶされそうな気持ちで過ごす子もたくさんいます。

そんな受験生にとって、保護者の存在というのは本当に大きなものです。保護者の言葉や行動ひとつで一気にモチベーションが上がったり、逆に激しく落《お》ち込《こ》んでしまったりすることもあります。

わたしの周りでも、あたたかな環境《かんきょう》で家族に見守られて勉強できた子たちはやはり希望どおりの進路に進める場合が多く、逆に保護者からのプレッシャーが重すぎたり、否定的な言葉をかけられたりしていた子たちは、うまく勉強できずに受験当日を迎《むか》えてしまうケースが多いようでした。

保護者の方自身も、デリケートな時期のお子さんに対してどのように接したらいいのかわからず、悩《なや》んだり神経質になったりしてしまうことがあるのではないかと思います。「こうしてあげたらいいのかな」「これを言ったらまずいのかな」などと迷ってしまいますよね。

そこでここからは、わたし自身の受験生時代の経験に加え、中高生を中心とする約４万人のフォロワーさんを対象に実施《じっし》したアンケートの回答をもとに、**受験生の保護者ができること・なるべく控《ひか》えるべきこと**をご紹介《しょうかい》したいと思います。

▼

「できること」は日常編・受験当日編・合格発表編のシチュエーション別にご紹介《しょうかい》します！

受験生の保護者ができること【日常編】

普段《ふだん》の接し方でぜひ意識していただきたいのが、**「なるべく普通《ふつう》に接し、そっと見守る」**ということです。アンケートの結果、本当に多くの受験生がこれを望んでいることがわかりました。

なにかにつけて「受験生だから」とよくも悪くも特別扱《あつか》いしたり、勉強の話ばかりをしたりするのではなく、いつもどおり接する。そして必要以上に干渉《かんしょう》するのではなく、陰《かげ》からそっと見守る。保護者の方自身も不安ななかで難しいことだとは思いますが、ぜひこうした姿勢でお子さんに向き合っていただきたいなと思います。

具体的に「こういうことがうれしかった！」という声が多かったサポートをご紹介《しょうかい》します。

がんばりを褒《ほ》める・いたわる

基本的なことかもしれませんが、身近な人に褒《ほ》めてもらえるとやはりモチベーションが上がるものです。ぜひ**「よくがんばっているね」「えらいね」**と声をかけてあげてほしいなと思います。

アンケートでは、**「シンプルな『お疲《つか》れさま』の言葉がすごくうれしかった」**という声も多く聞かれました。特別なことを言わなくても、ただがんばりをいたわってあげることで受験生のエネルギーにつながります。

夜食やちょっとしたお菓子《かし》で励《はげ》ます

「夜遅《おそ》くまで勉強をがんばっているとき、そっと夜食を置いてくれてうれしかった」「お菓子《かし》を買ってきてくれたときがうれしかった」という声も多く聞かれました。ちなみに、おにぎりやお味噌汁《みそしる》、ホットドリンク（紅茶やココア、コーヒーなど）を差し入れているご家庭が多いようでした。

差し入れをするときには、「これ食べてがんばりなさい！」などと食事や気持ちを押《お》しつけるのではなく、**さりげなく置いてあげることがポイント**です。アンケートでも、「さりげなく用意してくれるのがありがたかった」というコメントが多く寄せられました。

ただし、「夜食やお菓子《かし》を出されすぎて太ってしまった……」という受験生もいたので、差し入れの内容や量はときどきお子さん自身の希望を確認《かくにん》してあげるといいかもしれません……！（笑）

送《おく》り迎《むか》えをする

塾《じゅく》や図書館への送《おく》り迎《むか》えも、受験生の保護者ができるとても大切なサポートです。実際、意外なくらいたくさんの中高生から「送《おく》り迎《むか》えをしてもらえたことがうれしかった」という声が寄せられました。

受験というのは、受験生一人だけでは立ち向かうことが難しい一大プロジェクトです。勉強をするのは受験生本人ですが、こうしたところで**保護者も一緒《いっしょ》に戦ってくれていると感じられることが、受験生の心の大きな支えになります。**

進路や勉強について一緒《いっしょ》に考える

「受験は情報戦」と昔からよくいわれますが、受験というのは本当にいろいろなことを調べたり検討したりしなければならない大変なもの。受験生が一人で背負おうとすると、とても大きなストレスになってしまいます。

保護者の方には、高校選びや勉強のやり方について、ぜひ本気で一緒《いっしょ》に考えていただきたいなと思います。「親がよりそってくれている」「親身になって考えてくれている」ということを感じられるだけで、子どもは本当に心強いものです。

子どもの希望や意見を尊重する

進路については、一緒《いっしょ》に考えたうえで、最終的には可能な限りお子さん自身の希望や意見を尊重してあげてください。アンケートでも、うれしかったこととして「好きな進路を選ばせてくれた」「自分の意見を尊重してくれた」ということを挙げる回答がたくさん寄せられました。

もちろんご家庭によって、どうしてもここは叶《かな》えてあげられないという部分も出てくるかもしれません。そのような場合でも、頭ごなしにお子さんの希望を否定するのではなく、しっかりと話し合い、保護者の方自身の考えや状況《じょうきょう》をていねいに伝えることが大切なのではないかと思います。

話を聴《き》く

普段《ふだん》のちょっとした話や愚痴《ぐち》を聴《き》いてあげることも、とても大切なサポートです。

これは受験生に限りませんが、「自分の話を聴《き》いてくれる人がいる」「困ったときには相談できる相手がいる」と思えることは本当に重要です。お子さんの話を聴《き》くときには、テレビを観《み》たりスマホを触《さわ》ったりしながらではなく、**「あなたの話を聴《き》いているよ」ということがしっかりと伝わる姿勢**で聴《き》いてあげてください。

また、愚痴《ぐち》や弱音を聴《き》いてしまうとどうしても過度に心配したり口出しをしたりしたくなってしまうかもしれませんが、ここは注意が必要です。受験生は「ただ少し話を聴《き》いてほしいだけ」のことも多いもの。保護者の方が真剣《しんけん》に聴《き》いてあげることは大切ですが、深刻になりすぎるとかえってお子さんも不安になってしまうので、できる限りどんとかまえていただけたらなと思います。

「サポートできることはなんでもするからね」と伝える

これはわたしが受験生時代、親に言ってもらってうれしかった言葉です。

保護者から過剰《かじょう》に心配されたり、必要以上に干渉《かんしょう》されたりすると、お子さんもかえって気が滅入《めい》ってしまうもの。理想はやはり、**お子さん自身が必要としているときに、必要なだけのサポートをしてあげること**です。

その意味で、「こちらからなにかを押《お》しつけることはしないけれど、サポートできることがあればするからそのときは言ってね」という親の姿勢がわたしはとてもありがたかったし、おかげで困ったときに自分から相談することができました。

保護者の方へ

第7章 受験期のお子さんとの向き合い方

受験生の保護者ができること【受験当日編】

いつもどおり「いってらっしゃい」と見送る

受験当日にできるいちばん大きなサポートは、**「いつもどおりに接する」**ということです。

受験生はただでも緊張《きんちょう》したりピリピリしたりしているもの。そこへ来て保護者の方までそわそわしていたり、明らかにいつもと違《ちが》う態度で接してきたりしたら、さらに動揺《どうよう》してしまいます。

保護者の方もきっと緊張《きんちょう》してしまうとは思いますが、ここはぐっとこらえて、なるべくいつもどおりの姿勢で接してあげてください。「いつもと変わらない一日だ、だからいつもどおりでいいんだ」と感じられれば、お子さんも気負わずに本番で力を発揮できるでしょう。

前向きな言葉をかける

もしお子さんが不安そうにしていたら、ぜひ「あなたならきっと大丈夫《だいじょうぶ》だよ」「たくさんがんばってきたんだから、思いきってやればいいよ」とポジティブな言葉をかけてあげてください。

いちばん身近で見てくれていた家族からもらう前向きな言葉は、お子さんの強いエネルギーになるはずです。

お弁当や筆箱にメッセージカードを忍《しの》ばせる

アンケートの回答で、**「お弁当や筆箱の中にメッセージカードが入っていてうれしかっ**

た」という声がとてもたくさんありました。サプライズでこっそりカードを入れているご家庭が多いようで、回答を読んでいてほっこりしてしまいました。

あまりプレッシャーになる言葉は考えものですが、「きっと大丈夫《だいじょうぶ》!」「応援《おうえん》してるよ!」など優《やさ》しいメッセージが綴《つづ》られたカードは本当にうれしいものだと思います。大学受験のときのお話ですが、わたしも母が持たせてくれた**「あなたのいいところ100」の手紙**がすごくうれしく、心強く感じたのを覚えています(よくよく読んだら重複があって、じつは99個だったというオチつきなのですが……(笑))。

保護者のみなさんからのメッセージカード

フォロワーのみなさんが実際に保護者の方からもらっていたメッセージカードを見せていただきました。

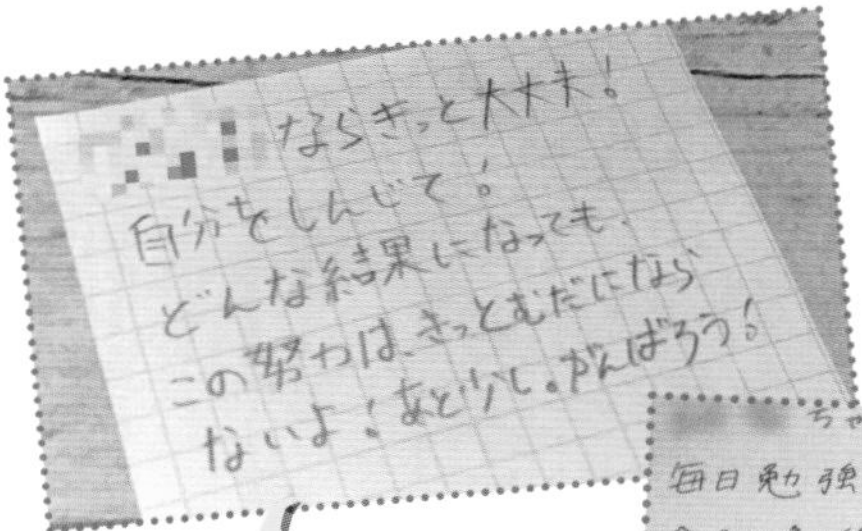

〇〇ならきっと大丈夫！
自分をしんじて！
どんな結果になっても、
この努力は、きっとむだにならないよ！あと少し。がんばろう！
（manami さん）

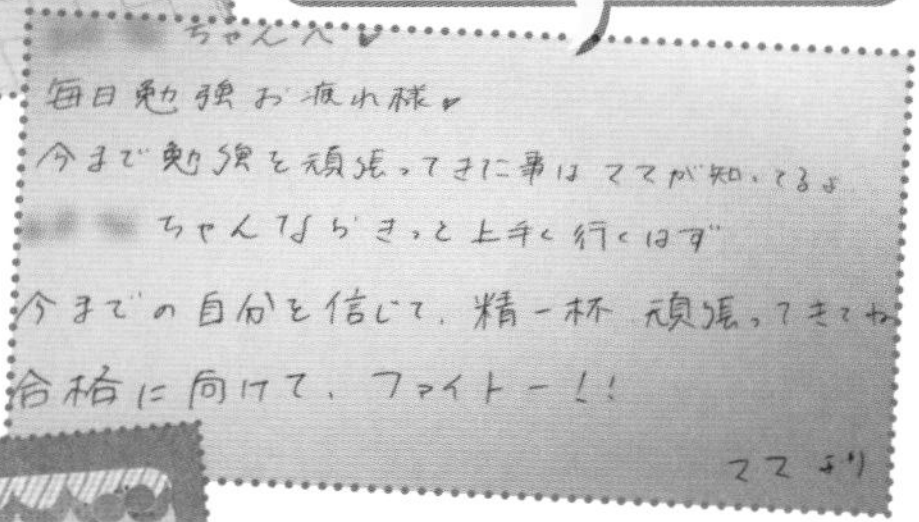

〇〇ちゃんへ♥
毎日勉強お疲れ様♥
今まで勉強を頑張ってきた事はママが知ってるよ
〇〇ちゃんならきっと上手く行くはず
今までの自分を信じて、精一杯、頑張ってきてね
合格に向けて、ファイトー！！
ママより
（えりりんさん）

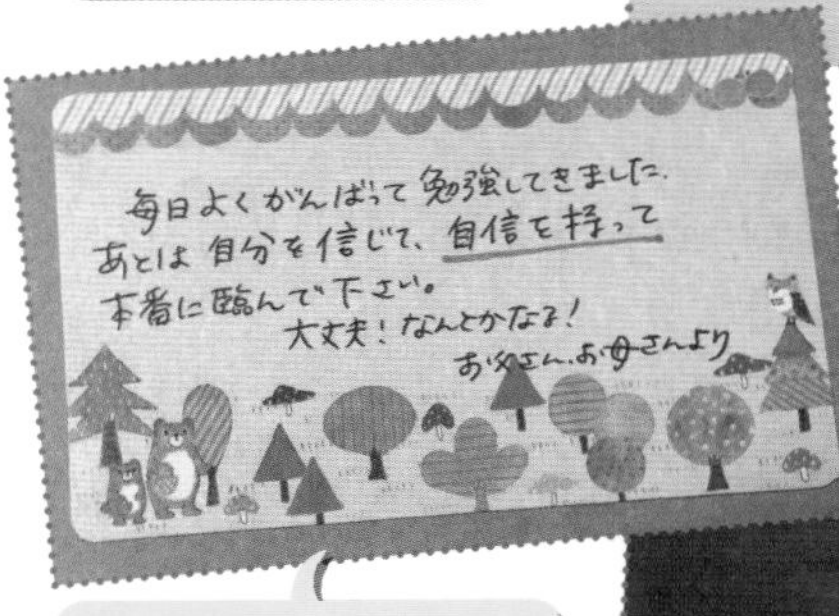

毎日よくがんばって勉強してきました。
あとは自分を信じて、自信を持って
本番に臨んで下さい。
大丈夫！なんとかなる！
お父さん、お母さんより
（はるのきさん）

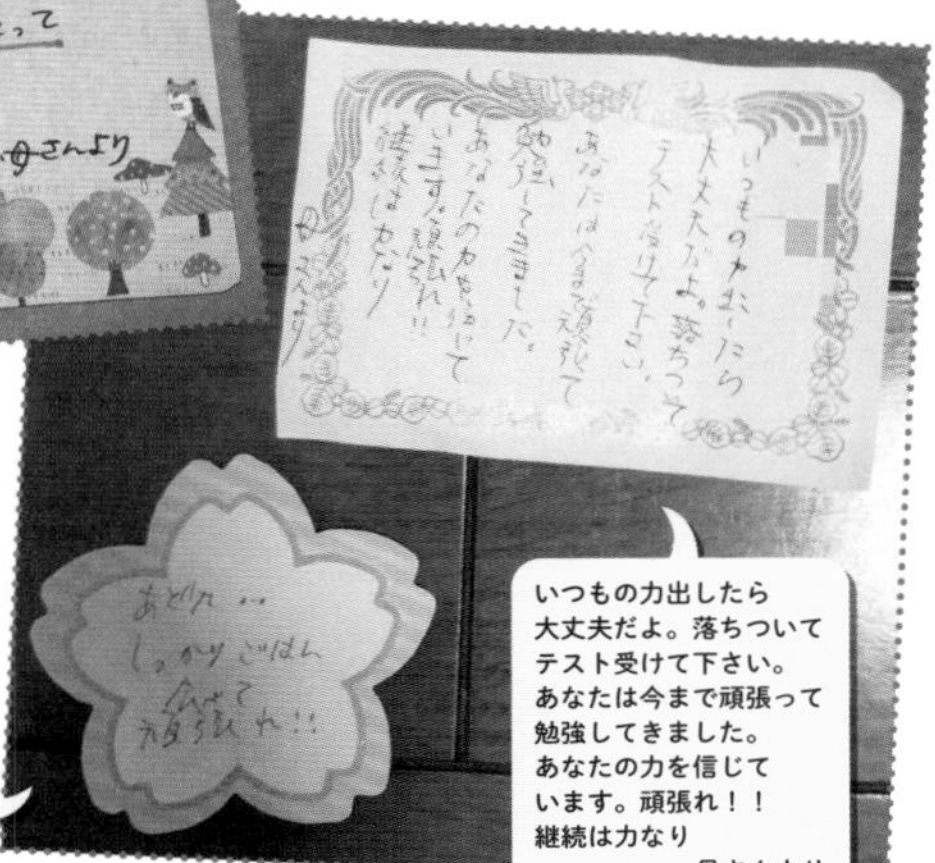

あと少し…
しっかりごはん
食べて
頑張れ！！
（なーさん）

いつもの力出したら
大丈夫だよ。落ちついて
テスト受けて下さい。
あなたは今まで頑張って
勉強してきました。
あなたの力を信じて
います。頑張れ！！
継続は力なり
母さんより

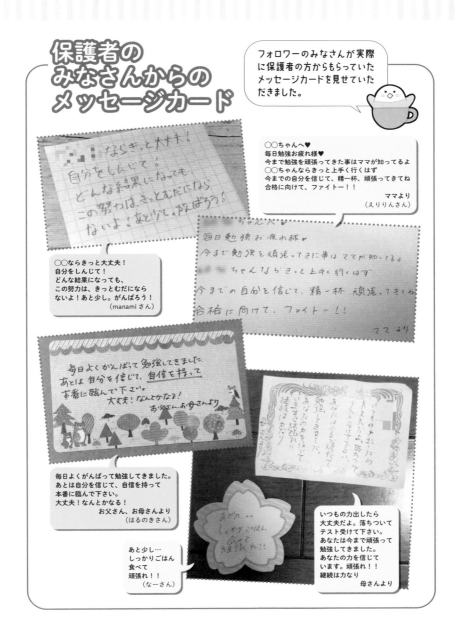

受験生の保護者ができること【合格発表編】

合格だったときにしてあげられること

結果が合格だったときには、お子さんと一緒《いっしょ》に、素直《すなお》に思いっきり喜んでください！

「合格を自分のことのように喜んでくれてうれしかった」というアンケートの回答もたくさんありました。わたしもいまだに、大学の合格発表のときに母が涙《なみだ》を流しながら抱《だ》きしめてくれたことを思い出します（そしてこれを思い出すと、いまでも泣いてしまいます……）。仕事中だった父も、電話で報告するとすごく喜んでくれました。

親が喜んでくれるということは、子どもにとってすごくうれしいことです。

不合格だったときにしてあげられること

もし不合格だったときには、お子さんの気持ちにそっとよりそってあげてください。アンケートでは「慰《なぐさ》めるのではなく一緒《いっしょ》に泣いてくれて、自分のがんばりを認めてもらえた気がした」『全力でがんばって不合格なら、その学校は自分には合っていないと神様が教えてくれているんだよ』と言ってくれた」という回答もありました。

結果は合格でなかったとしても、お子さんが受験勉強をがんばったという事実は変わりません。**「よくがんばったね、お疲《つか》れさま」**と言葉をかけてあげるだけでも、少し前向きな気持ちで結果を受け止められるようになると思います。

受験生の保護者が控《ひか》えたほうがいいこと

ここまで受験生の保護者の方にぜひやっていただきたいことをご紹介《しょうかい》してきましたが、最後に「これをされるとつらかった……」という声が寄せられた言動をご紹介《しょうかい》します。こうしたことはできる限り避《さ》けてあげていただければ……と思います。

「勉強しなさい」「がんばれ」と頻繁《ひんぱん》に声をかける

最も多かった回答がこれでした。勉強していないところを見るとついつい「勉強しなさい」「休んでいていいの?」などと声をかけたくなってしまうと思いますが、あまり頻繁《ひんぱん》に言ってしまうとお子さんの自己肯定感《こうていかん》ややる気がどんどん下がっていってしまいます。

勉強をしなければいけないこと、がんばらなければいけないことは、お子さん自身がいちばんよくわかっています。そのうえでどうしても机に向かうことができなかったり、あるいは勉強はきちんとしたうえで、たまたま必要な休憩《きゅうけい》をとっていただけということもあります。お子さんが休んだり遊んだりしているように見えるときは、頭ごなしに「勉強しなさい！」と声をかけるのではなく、どうすれば勉強に向かえるようになるのかを一緒《いっしょ》に考えたり、いまがどういうタイミングなのか想像したりしてあげる（「単なる休憩《きゅうけい》かもしれないな」など）ことも大切なのではないかなと思います。

多かった声として、『がんばれ』と言われると、もうがんばっているのに……と思い落《お》ち込《こ》んでしまった」「部屋を覗《のぞ》きに来て『勉強してる？』と声をかけられるのがプレッシャーだった」というものもありました。

NG!! 志望校を勝手に決めたり、子どもの希望を否定したりする

してもらってうれしかったことで「進路について希望や意見を尊重してくれる」というものがありましたが、その逆がつらかったという声も多く寄せられました。

特に多かったのが、「勝手に志望校のレベルを落とされてしまった」『あなたはそんな学校行けないでしょ』と否定されてしまった」といった回答でした。「テストの結果を見た親に『志望校のレベルを落とそうか』と言われ、お前には第一志望は無理だと言われているようで悲しかった」というものもありました。

お子さんが確実に合格できるようにしてあげたい、不合格になって傷ついてほしくない、という気持ちからのことかもしれません。ですが、**高校受験生の成績は入試直前までちゃんと伸《の》びます**。それに、万が一不合格になってしまったとしても、「自分は自分で決めた志望校のためにがんばったんだ」という実感があれば、お子さんは納得《なっとく》感をもって次のステージに進めるはずです。

保護者の方もいろいろ考えてしまう部分はあると思いますが、ここはできる限りお子さんの希望を尊重して、そっと見守ってあげてほしいなと思います。

NG! ネガティブな言葉をかける

「このままだと落ちるよ」「受験まであと○カ月（○日）しかないよ」など、焦《あせ》らせる言葉をかけてしまうのも考えものです。

もちろん、本人があまりに危機感がなくて、保護者の方がハッパをかけてあげなければいけないというタイミングはあると思います。ですが、あまり日常的にこうしたことを言ったり、すでに焦《あせ》りを抱《かか》えながら勉強している子に対してこうした鼓舞《こぶ》の仕方を選んだりしてしまうと、お子さんはかえって勉強に集中しづらくなってしまいます。

なにか言葉をかけるときには、

NG 「このままだと落ちるよ」
↓
GOOD **「合格できるためにこれをがんばってみようか」**

NG 「受験まであと○カ月（○日）しかないよ」

↓

GOOD「あと〇カ月（〇日）間、一緒《いっしょ》にがんばろうね」

といったように、**ポジティブな言葉に変換《へんかん》して伝える**といいと思います。

NG! 周りの子やきょうだいと比較《ひかく》する

「〇〇ちゃんはこんなに成績がいいらしいよ」「お兄ちゃんはもっと集中して勉強できていたのに」など、周りの子やきょうだいと比べるような発言も、なるべく控《ひか》えていただければと思います。

保護者の方自身にそんなつもりはなくても、誰《だれ》か優秀《ゆうしゅう》な人の話をされるだけで「比較《ひかく》されている」と感じて落《お》ち込《こ》んでしまう受験生は多くいます。どうせ比べるのなら、「前回より成績が上がってすごいね」「去年より勉強をがんばっていてえらいね」など、**過去のその子自身と比べて成長を褒《ほ》めてあげる**のがおすすめです。

NG! テストや模試の結果について怒《おこ》ったり、ため息をついたりする

テストや模試の結果はどうしても気になってしまうと思いますが、できればあまり根《ね》掘《ほ》り葉《は》掘《ほ》り聞かないようにしてあげてください。してもらってうれしかったことの回答でも、**「成績についてあまり聞いてこないでくれたのがありがたかった」**という声がたくさんありました。

されてしまって悲しかったこととして、「成績表を見て怒《おこ》ったり、露骨《ろこつ》にため息をついたりされた」という回答が多く寄せられました。保護者の方の気持ちもよくわかるのですが、とはいえ怒《おこ》っても成績は上がりませんし、親に失望されていると感じることは子どもの自己肯定感《こうていかん》をがくんと下げてしまいます。

成績がよくなかったときには、**まずは冷静に結果を受け止めて、「あとどれくらい成績を上げればいいのか」「そのためにはどうしたらいいのか」ということを具体的に考える**ことのほうが大切ではないかと感じます。

NG! 「大丈夫《だいじょうぶ》なの？」と不安そうにする

成績や進捗《しんちょく》が芳《かんば》しくないと、保護者の方としても正直不安な気持ちになってしまいますよね。

ですがそれでも、保護者の方は**不安な気持ちがお子さんに伝わらないように努めていただきたい**と思っています。なぜなら、保護者が不安そうにしているとお子さん自身も自信がなくなって不安になり、またそのような心配をかけてしまっている自分がふがいなく感じられて落《お》ち込《こ》んでしまうこともあるからです。

わたしは、わたしが無謀《むぼう》な志望校を掲《かか》げても「そんなところ行けるの？」と疑ったりせず、成績が悪くても「大丈夫《だいじょうぶ》なの？」と不安そうに聞いたりしなかった両親に、いまでも感謝をしています。

NG! 急に家族の予定を入れる

最後に、これは少し毛色が違《ちが》う内容ですが、突然《とつぜん》家族の予定を入れるということもなるべく避《さ》けていただければと思います。

急な予定が入ってしまうと、勉強の計画が狂《くる》ってしまったり、その時間は勉強ができず焦《あせ》ってしまったりということが生じます。もちろんやむを得ない急用はあると思いますが、そうではない予定はできる限り前もってお子さんに伝えてあげるようにしてください。

エピローグ

一緒《いっしょ》に高望みしよう

高校で進路希望調査の紙に「第一志望・東京大学」と書いたとき、わたしの成績は東大に合格できるレベルからはかけ離《はな》れていました。

「それなのにどうして東大を目指したんですか？」

とよく質問されます。そんな無謀《むぼう》な志望校をなぜ掲《かか》げたのか、と。

わたしが東大を目指した最大の理由は、「いちばん無理そうな学校だったから」です。

いまの自分の実力を考えたら、たぶん本当に、脳に汗《あせ》をかいてでもがんばらないと合格できない。だからこそ、挑戦《ちょうせん》してみたい、と思ったのです。

実力もないのに東大志望ですと宣言するのは、はじめのうちはすごく抵抗《ていこう》がありました。でも、最終的に東大に合格することができたのは、**あのとき思いきって高望みをし、それに向けて努力をしようという決意をしたから**です。逆に「そこそこ」の目標を口にしていたら、結果的に叶《かな》えることができたのはその「そこそこ」の目標か、もしくは気持ちがゆるんでそれよりも低い結果しか得られなかっただろうと思います。

無謀《むぼう》な志望校であればあるほどいい、と言っているわけではないし、受験はもちろん合格するに越《こ》したことはありません。**ただ、高望みをしないと手に入らないものは確実にあります。**「適当にやっていたら実力がついていて、気づいたら難関校に入っていました」なんてことは起きないのです。

最後まで絶対にあきらめない！

受験勉強をしていると、なにをすればいいか悩《なや》んだり、突然《とつぜん》不安が湧《わ》いてきたりしてしまうことが必ずあります。この本は、次のような感じで活用してみてください。

- **この本をひととおり読んだ人は……**

  ↓第1章を参考に志望校を決め、第2章の3ステップを実践《じっせん》してみよう
- **受験勉強を進めるなかで、勉強のやり方に迷ってしまったときは……**

  ↓第3～5章を参考に、勉強法ややることを見直そう
- **受験勉強を進めるなかで、不安やプレッシャーに押《お》しつぶされそうになったときは……**

  ↓第6章を何度も読み返そう

成績がなかなか伸《の》びず、くじけそうになっている人もいるかもしれません。**でも、最後まで絶対にあきらめないでください。**正しい方法で努力を重ねていれば、あるとき突然《とつぜん》点

数がアップするということはざらにあります。勉強というのは今日やったら明日すぐに点数が上がるというものではなく、見えないところでじわじわと実力がついていくものです。自分を信じて、一緒《いっしょ》に入試当日までがんばりましょう！

最後になりますが、シリーズを通して素敵《すてき》な本を作り上げるためにお力添《ちからぞ》えくださった、編集の堀井太郎さん、デザイナーのIsshikiさん、krranさん、イラストレーターのかりたさんに、この場を借りて心より御礼《おんれい》申し上げます。

２０２３年1月　勉強法デザイナー　みおりん

みおりん

1994年生まれ。

地方の県立高校から東大を受験するも、現役時は大差で不合格に。予備校に通わず独学する自宅浪人を経て、1年後に東京大学文科三類に合格。大学在学中よりブログでの勉強法に関する情報発信や学習相談サービスを開始し、これまでに対応した相談数は1万件を超える。同大学の法学部を卒業後、1年半のIT企業勤務を経て2020年に独立。会社員時代に始めたYouTubeは、楽しく学ぶことを主眼に置いた実践的でわかりやすい動画で中学生を中心に人気を博し、チャンネル登録者数は13万人を超える。現在は勉強法デザイナーとして、「すべての人にごきげんな勉強法を」をモットーに勉強法やノート術について情報を発信しているほか、中学生向け文房具シリーズ「みおりんStudy Time」のプロデュースや学校での講演などを行っている。著書に『やる気も成績もぐんぐんアップ！　中学生のおうち勉強法入門』『モチベも点数もめきめきアップ！　中学生のおうちノート術』（以上、実務教育出版）、『東大女子のノート術 成績がみるみる上がる教科別勉強法』『どんどん勉強が楽しくなるノート術 いますぐ使えて一生役立つアイデア77』（以上、エクシア出版）がある。

・YouTubeチャンネル：『みおりんカフェ』
・ブログ：『東大みおりんのわーいわーい喫茶』
・Instagram：@miorin2018
・Twitter：@miori_morning
・TikTok：@miorincafe

自信も実力もとびきりアップ！
中学生のおうち高校受験勉強法

2023年2月25日　初版第1刷発行

著　者　みおりん
発行者　小山隆之
発行所　株式会社実務教育出版
〒163-8671　東京都新宿区新宿1-1-12
電話　03-3355-1812（編集）　03-3355-1951（販売）
振替　00160-0-78270

印刷／文化カラー印刷　　製本／東京美術紙工

ISBN978-4-7889-0924-3 C6037